没有教不好的孩子 只有不会教的父母

改变教养方式，
熊孩子变乖孩子

马利琴◎著

沈阳出版发行集团

沈阳出版社

图书在版编目（CIP）数据

没有教不好的孩子，只有不会教的父母：改变教养方式，熊孩子变乖孩子 / 马利琴著 . —沈阳：沈阳出版社，2017（2018.4 重印）
ISBN 978-7-5441-8532-5

Ⅰ . ①没… Ⅱ . ①马… Ⅲ . ①家庭教育 Ⅳ . ① G78

中国版本图书馆 CIP 数据核字（2017）第 147017 号

出版发行：沈阳出版发行集团 ｜ 沈阳出版社
　　　　　　（地址：沈阳市沈河区南翰林路 10 号　邮编：110011）
网　　址：http://www.sycbs.com
印　　刷：天津中印联印务有限公司
幅面尺寸：170mm × 240mm
印　　张：17
字　　数：180 千字
出版时间：2017 年 8 月第 1 版
印刷时间：2018 年 4 月第 2 次印刷
选题策划：郑　为
责任编辑：王冬梅
封面设计：萝卜 Design 1092801781
排版设计：九章文化
责任校对：雨　山
责任监印：杨　旭

书　　号：ISBN 978-7-5441-8532-5
定　　价：39.80 元

联系电话：024-24112447
E-mail：sy24112447@163.com

问问自己，你会教孩子吗？

今天，新生代的父母比任何时代都要重视家庭教育，网络上、书店里，到处都可以看到父母的身影。为了将自己的孩子培养成品学兼优、身心健康的优秀生，父母们都在学习。实际上，有很多父母，他们煞费苦心，为孩子付出了很多，可结果却发现，孩子离自己期望的目标越来越远，甚至还将其看作"问题孩子"，以致有的孩子从此感到痛苦、困惑、茫然。

作为家庭教育的研究者，为了搞清楚这些问题出现的原因，我经常陷入不断的思索中。经过多方学习、研究和考证，我发现了这样一条育儿真理——没有教不好的孩子，只有不会教的父母！

对于父母来说，教育孩子是自己不可推卸的责任。无数事实也证明：任何一个优秀的孩子，其成长过程都凝聚着父母的心血和智慧。教育专家周弘也说："没有种不好的庄稼，只有不会种庄稼的农民。"可见，在经验丰富的农民眼里，再矮的庄稼也不会枯萎；在好父母的眼里，最"差"的孩子也能教育成才。

通过对上千个案例进行分析，我总结出几个育儿重点，将在这本书中介绍给大家。为了保护父母和孩子的隐私，案例中当事人的名字均使用了化名。同时，为了给各位读者以启示，我也记述了一些发生在自己和女儿妞妞之间的故事，从中也可以看到我的育儿轨迹。

　　或许你不是教育专家，但是只要选择了本书，你就可以成为大家眼中的优秀父母！

目录

Contents

1
Chapter

不同类型父母教养出的孩子表现各异

为了教育好孩子，父母一般会采用各种方法，

可是这些方法真的适合自己的孩子吗？

不正确的教育方式，只会伤害到孩子，对孩子无益！

唠叨型父母：父母整天唠叨，孩子会"选择性失聪"

会教育孩子的父母，是宽容的、宽松的、宽厚的，而不是一味地唠叨；反过来，如果孩子长期被唠叨，在负面情绪的影响下，面对逃无可逃的处境，就会启动"选择性失聪"来保护自己。一旦出现这种情况，父母的教育就不起作用了。

2014 年的一天，我在小区门口遇见了薇薇妈，她一见到我就拉着我诉苦：

唉，现在的孩子，怎么一点儿都不知道理解父母呢？早上，薇薇吃完饭，收拾书包准备上学，我一边帮她收拾，一边叮嘱她："上课好好听讲；放学后别在路边摊买东西吃，上回乱吃东西拉肚子，你还记得吗？"……还没等我说完，她就不耐烦地皱了皱眉头，对我说："妈，我知道了，你别啰嗦了！"

下午，薇薇坐在书桌前写作业，我走过去，说："薇薇，今天都上什么课了？老师讲课都听懂了吗？能跟上老师讲课进度吗？跟不上我给你请个家教怎么样？你们老师的普通话不好，我和学校说说？"

我没觉得自己说了什么不该说的话啊，可是她却冲着我大喊："哎呀，妈，我求求你别说了！你真唠叨！听得我耳朵都起茧子了！"

你看看，现在的孩子怎么这样和自己妈妈说话？我还不都是为了她好！

不难发现，薇薇妈犯的最大错误就是喜欢唠叨女儿，以至于女儿产生了抵触情绪。

唠叨几乎是每位中国父母身上或多或少都存在的问题。父母爱孩子，为了让他们少犯错误、少遇到些挫折，时常喋喋不休地提醒他们：放学早点回家、下雨记得带伞、天冷了穿厚点儿……

要知道，孩子不是父母的附庸，而是独立的个体，他们确实需要引导，但并不想每天父母重复同样的话。试想，工作中，如果你的上司整天对你唠唠叨叨，你会不会感到厌烦？如果你是个敏感的人，或许还会觉得领导不相信你的能力。孩子同样如此，他们需要父母的信任、理解和支持，而不是唠叨。父母整天以爱的名义唠叨孩子，他们迟早会疏远我们，那么如何不唠叨地爱我们的孩子呢？

一个夏天的午后，天气闷热，我骑着电动车送妞妞上学。炎热的太阳照着我，感觉皮肤都在发疼。终于快到学校了，我松了一口气，结果妞妞突然小声说："妈妈，我差点儿忘了，老师让买水彩笔，下午有美术课。"

我感到阵阵"疲惫"，有点不耐烦地说："你不早说呢，现在骑回去买，你就迟到了。下次如果老师要再让买东西，你早点说，可别像这次似的。再说，送完你，我还要工作呢……"我的话还没说完，女儿便跳下车，一脸不高兴地说："不买了，学也不上了！"然后，大步流星地往家的方向走，全然不顾来来往往的车流。

我在后面骑车追，冲到她面前，刚想质问她为什么这么不听话，却看到她两眼红红的，眼泪不停地往下掉："妈妈，我觉得我很可怜！"

我的头像被木棍打了一下，闷闷的疼。妞妞越哭越大声："妈妈，你心烦时可以冲我发火，可是我也委屈啊！……"

"我觉得我很可怜"这句话使我猛然惊醒，意识到可能在教育方面出了问题，给了孩子不好的感觉。这件事情后，我开始有意控制自己的情绪，变说为听，认真听孩子内心的想法，不论自己多忙、多累。

也许有人会觉得，这样是不是对孩子太疏于引导了。我反倒觉得，这是为人父母必须做到的一点。自从转变了相处模式，渐渐地，我发现与女儿的关系越来越密切，沟通也顺畅多了。

真正懂教育的父母，绝不会对孩子做的每件事指手划脚，而是给予他们更多的尊重和宽容。放手让孩子去做，只有在他们犯原则性错误时加以引导，往往这样更容易获得孩子的信任和认同。作为父母，更应该认真倾听孩子的话，做到真正、全面地了解孩子，而不是一味地唠叨孩子。

我的一个同学，40 岁时才怀孕，结果孩子早产，生下来才 4 斤多点，在北京儿研所的保温箱待了半个月才顺利活下来。为了表达孩子的来之不易，他们给孩子起名为星星。

星星简直就是他们一家人的心肝宝贝，我这个同学更是恨不得将最好的都给孩子。星星不仅吃的是进口奶粉，穿的、用的也全是品牌货。星星渐渐长大，但体质比较弱，时不时生病，我同学就更心疼了。担心孩子吃不饱，就端着碗在后面追着喂；孩子不爱喝水，她就想方设法设置各种奖励。

星星上了小学，每天早上我同学都会叮嘱他说："在学校要多喝水！""今天天气有点冷，你多穿件衣服。"……最开始星星耐心答应，慢慢他就厌烦了。有一次，星星被问急了，竟然瞪着眼说："妈，你能不能别总唠叨我！"

当同学跟我说起这件事时，她满脸的无奈："我也知道这样喋喋不休地问，孩子肯定会厌烦，可是我真的担心他的身体。"

我安慰她，并给她分析了这个年龄段孩子的心理，然后提出一些建议。从那以后，她减少了对星星的唠叨、叮嘱，也不再追问学校发生的一切了，母子俩的关系也逐渐改善。

　　每个父母都爱自己的孩子，都想把最好的给孩子，可是如何把握爱的分寸呢？孩子总有一天会长大，对孩子的事情件件插手，饮食起居事事操心，不停地叮咛嘱咐，不厌其烦，很容易让孩子出现负面情绪。最好的方法就是给孩子适当的爱。

独裁型父母：不懂平等，再怎么沟通都是无用功

很多父母不懂得与孩子之间的关系也是平等的，总是为了显示自己的威严，说什么就是什么，孩子必须言听计从。长期下去，父母与孩子之间就会因为缺乏沟通而出现矛盾。

2015 年的一个周末，妞妞叫了几个关系很好的小伙伴到家里玩。这几个小家伙中午都没吃多少，我怕他们下午玩太疯早早就饿了，打算做些小甜点。之后，妞妞便跟小伙伴商量吃什么，蛋挞还是曲奇。

一个名叫静静的孩子说："阿姨，我非常喜欢你！我爸妈从来不会听我的意见，而且我说什么他们都认为不对。妞妞有你这么好的妈妈，真幸福！"

我问她为什么这么说，她便说了一下新近发生的一件事。原来，他们家一个月前买了新房子，爸爸妈妈商量着如何装修。有一天，妈妈问："静静的房间怎么弄？"

"她的房间放张书桌，放一张床就够了。"静静还没有回答，爸爸就直接说道。

"我想把我的房间刷成蓝色，和天空一样的颜色！"静静忍不住插嘴道。

"你懂什么？小孩子的房间越简单越好！"爸爸不耐烦地说。

"我们班的板报都是我画的，大家都说我画得好……"静静小声嘟囔了一句。

"今天你喜欢这样的，也许明天就不喜欢了，刷一次墙很费工夫的。"看着

爸爸不满的神情，静静的眼泪一下子涌了出来。

孩子与母体分离的一刻，就成了独立的个体，虽然他们一直在父母身边，却不是父母的附属品。当他们开始认识与感知这个世界时，更有了独立的思想。作为父母，应该最大限度地了解孩子的内心世界，千万不能因为孩子小就不跟他们沟通。那么，如何沟通才有效呢？

孩子的内心是非常丰富的，不耐心听他们说话，只知道训斥他们，连解释的机会都不给他们，甚至认为他们的话无足轻重，采取敷衍的态度来对待他们……都是错误的。

姐姐上幼儿园的时候，只要在家，她就围着我转，并把她遇到的有趣的事说给我听，上了小学之后也会给我讲有关同学和老师的事。

那段时间，正是我事业的上升期，工作非常忙，根本没有时间去听她说那些"小事"。不论她对我说什么有趣的事，我都会说："好，我知道了。"如果她跟我说自己遇到的困难，我会停下手头的工作，安慰她一下："这次已经这样了，下次要注意避免。"多余的话，一句都不说。

有一天，姐姐回到家，沮丧地对我说："妈妈，今天运动会，我参加了100米赛跑，是最后一名。"当时，我正忙着写稿，听她这么说，我捧着她的脸蛋说："没事，下次努力就行了。我现在很忙，你自己先玩会儿啊。"听了我的话，姐姐转身回了自己的房间。

后来，班主任老师给我打电话，说姐姐运动会比赛时本来可以跑第一，可是跑到一半，一个同学不小心摔倒了，她为了帮助同学才影响了比赛成绩。老师为此夸奖了姐姐，说她关爱同学的品德值得表扬。我突然意识到，那天姐姐或许想把整件事告诉我，我却因为写稿没能听她把话说完。

我知道自己做错了，也很后悔，从此以后，姐姐只要跟我说她的事，我都会停下手中的活，耐心倾听。妞妞做得好时，我表扬她；妞妞犯错时，我耐心纠正。现在，妞妞什么都愿意对我说，我们的关系更贴近了。

在孩子向你陈述一件事情时，如果你只顾自己而忽视了他们的感受，他们就会觉得你是不关心他们、不爱他们的，很可能下次再发生了什么事情时，他们就不会跟你说了。做父母的一定要明白这一点：当孩子跟你说话时，一定要认真听，千万不要让他们觉得你心不在焉，敷衍他们，这样只会让他们不信任你。

我的父亲是个地地道道的农民，虽然只上过小学，没有太多文化，但他对我的教育却一直影响着我。

在许多人看来，父亲都是高高在上的、威严的象征，可是在我的印象中，父亲从来没有对我严厉过，不会把我当成一个孩子来看待。我小时候，他跟我说话总会蹲下来，保持跟我的目光平行，一边注视着我，一边耐心地告诉我应该如何做，他听我说话时也是如此。

由于受父亲的影响，妞妞出生后，我和妞妞爸就做了一个约定：要倾听孩子。

很多人都说"孩子是一种神奇的生物，与孩子简直是无法沟通"，之所以会出现这种问题，是因为父母在和孩子沟通时无法做到与孩子平等。我们经常可以看到这样的情景：父母站在那里大声呵斥孩子"快过来""一边去，别烦我"……诸如此类居高临下、命令式的语言腔调确实能显示出父母的威风，可是在孩子心目中，这样的父母是不可敬的，所以才导致双方沟通不畅——不论父母说什么，孩子都仿佛没有听到。究其原因，问题还是出在父母身上。而且，孩子年龄越大，父母在与他们沟通时，越要注意纠正这一点。

权威型父母：不切实际的高要求，只会压扁了孩子

很多父母都会对孩子提出高要求，对待孩子也很严厉。可是，当孩子无法承受重压时，就会采用各种方式来欺骗父母，最终与父母的美好愿望背道而驰。

2015 年 8 月的一天，我在网上看到一位林女士发的帖子，很有感触：

我儿子今年 9 岁，非常懂事。我对儿子的要求十分严格：不能打架，不能拿别人的东西，写完作业前不能看电视，对人要有礼貌，见了长辈要打招呼……我把这些写下来贴在墙上，儿子每触犯一条，我就打一次他的手掌。

前段时间期中考试，儿子因为感冒没发挥好，考了 90 分。当他把成绩单交给我时，虽然我知道原因，但看到错题，知道原本可以不扣分的，于是我非常生气，顺口说了句："这些都不该错，下次考不了满分就别回来了！"

昨天，我做完晚饭后，发现儿子还没有回家。他从来都没有出现过这种情况，我和丈夫都非常着急，怕孩子出事，赶紧联系儿子的班主任老师，并请所有的亲朋好友出去寻找，就差报警了。找了许久，终于在一家超市找到了他。原来，学校进行数学单元测验，儿子考了 95 分，想到上次我说的"考不了满分就别回来了"，他就真的没敢回家。

看了这个帖子，相信很多人都会谴责这位林女士，心疼她的儿子。

现实中，这样的父母不在少数，他们对孩子的要求非常苛刻。虽然孩子的表现在别人眼里已经非常好了，可是他们依然不满意，认为孩子做得还是不够好。殊不知，父母一味地吹毛求疵，很容易让"家"和"父母"失去原本的味道，使孩子产生畏惧，亲子关系也会因此变得紧张。

孩子在成长过程中，出现差错或做出不尽如人意的事都很正常。况且孩子的成长本来就不可能一步到位、事事完美，他们需要不断尝试、不断学习、不断改正，从而变得更好。明智的父母一定要记住：他还是个孩子，不要提过高的要求。

一天下午，我在浏览网页时，看到一个关于小虫子的故事：

很久很久以前，有一种小虫，只要遇到东西，它就会将其扛到肩上，又不愿放下，于是越积越多，终于有一天，它被这些东西压倒在地。有人可怜它，帮它取下一些减轻负担，不承想，它爬起来继续前行，依旧将看到的东西扛起来。

小虫的梦想是有朝一日自己可以越过高墙，看看墙外的世界。结果，它因为长时间负重前行，终于力不可支，在爬墙的过程中坠地而亡。

想想看，这只小虫的行为是不是跟当今时代大多数父母的做法很像？如今很多家庭都是独生子女，父母对子女有着殷切的希望，在孩子成长过程中不停地给他们施加压力，还不顾他们的感受。其实，每个孩子都有上进心，而且为了不落于人后，他们也都在努力着。这时候，父母再给他们提出过高的期望，反而会给他们造成巨大的压力，严重时，还会对他们的身心发展产生负面影响。

虽说压力也是一种动力，但作为父母，一定要把握时机恰当施压。在孩子因进步而情绪高涨时，适当地给孩子一些压力。这样，父母的期望才不会变成孩子的负担，而是变成一种可以促使孩子积极向上的原动力。要求过于苛刻或者无休止地提要求，往往会引起孩子的反感；只有对孩子的要求合情合理，才能让他们健康快乐地成长。

妞妞有一个好朋友叫杨丽，不仅活泼开朗、长得可爱，学习成绩也好，而且能歌善舞，学校里的各种演出都能看到她的影子。

有一天，妞妞问我："妈妈，你为什么从来不给我报辅导班？杨丽的妈妈每个暑假都给她报各种辅导班。"

我问她："你喜欢这样的暑假吗？"

"当然不喜欢！而且杨丽也说，她暑假过得比上学都累，她还说她很羡慕我呢。"

"我上学的时候也报过辅导班，那个时候我也不喜欢。我之所以不给你报，第一是想让你好好休息一下，度过一个快乐的假期；第二是觉得有些课程你没必要上。最重要的是，你根本不喜欢，强迫你去，你愿意吗？"

"不愿意！"妞妞摇了摇头，笑着说，"我暑假只想画画，我还是比较喜欢画画。"

看着妞妞开心的样子，我笑了。

希望自己的孩子出类拔萃本无可厚非，可如果把孩子的生活安排得满满当当，不仅无法教育出优秀的孩子，还会给孩子造成负面影响，得不偿失！

溺爱型父母：无条件满足，这不是爱，而是害

对孩子一味溺爱，对于孩子的要求不打折地满足，只会让他们的欲望越来越膨胀。"欲壑难平"的道理大家都懂，但面对孩子的时候往往将其抛之脑后，事实上，只有适当满足孩子的欲望才是最明智的做法。

我曾经在网上看到过这样一段描述：

我小时候家里条件不太好，没吃过太多好吃的，所以等我自己有能力挣钱时，经常买零食吃。在我的影响下，女儿也养成了吃零食的习惯。我对她的馋嘴需求也是有求必应，抽屉里随时给她备着零食，没有了就去超市买一大袋补充上。看着女儿开心的样子，我也高兴。

随着女儿渐渐长大，她对零食开始不感兴趣，转而喜欢上了各种玩具。以我家的条件，虽说可以满足她，但是她看到什么就要买什么，现在家里的玩具多得都可以开玩具店了，可她还是不停地要买……

你的孩子是否也存在这样的问题？相信很多父母都会给出肯定的答案。我想说的是，孩子虽然是家庭的希望与未来，但父母不能无原则、无条件地满足孩子的一切要求。不管他们要什么，都尽可能地满足，完全依着孩子的性子来，

父母的这种做法是最不明智的。

孩子提出的要求，父母全部满足，他们就会觉得这是爸爸妈妈应该为自己做的；等到哪一天你没做到，他们就会觉得你不好。有了这种理所当然的态度，孩子的心理就会逐渐扭曲，对父母的付出视而不见，并且逐渐扩展延伸索取的范围，认为所有人都欠他们的。这样的孩子，长大后会是什么样？面对这个充满诱惑的世界，如何让孩子不被其裹挟呢？

妞妞记事之后，我和丈夫就给她定了个规矩：进超市只能选一样，买衣服、鞋等必需品时，价位都不能太高。一次，我带妞妞去商场买衣服。一到商场，看着琳琅满目的衣服，妞妞兴奋了好一阵。看着那么多漂亮的衣服，她欢喜得不得了，可最后还是选择了一件中等价位的。

我相信自己的做法是对的，可是生活中并不是所有父母都能做到这一点。不管自己的经济条件能否承担，有些父母都会不管三七二十一地满足孩子，从来不会给他们定个上限。

不要觉得这是一件小事，无关紧要，这种平常事，做好了，也可以让孩子懂得控制自己的欲望。对于孩子提出的任何要求都不打折扣地加以满足，孩子就会在心里形成一个定势：我要什么就有什么，我想要的东西没有得不到的……一旦孩子养成了想要什么就有什么的思维习惯，就会放纵自己，不懂得克制。时间长了，他们就会表现得贪心无度，期待不劳而获，甚至缺乏奋斗意识、缺乏耐性、抗挫折能力差等。

欲望是人性的一部分，每个人都有，可并不是所有的欲望都要被满足，满足合理的需求自不必说，那些超出实际的不合理需求，父母该拒绝还是得拒绝的。例如，给孩子买东西，父母事先跟他们商量好价格的上限。必须让孩子知道，不是他们想要什么就能得到什么的。

记得妞妞5岁时，有一次我带她去天津玩。临走前，我给她准备了一个小包，里面装着预计可以用到的所有东西，包括吃的、喝的。一上火车，妞妞就兴奋地左顾右盼，对什么都感兴趣。

售货员推着售货车来到我们身边，妞妞见别的孩子家长有买的，于是小声对我说："妈妈，我想喝那个饮料。"我拿出手机装作没听见。妞妞没有放弃，又说了一次："妈妈，我想喝那个饮料。"我看了她一眼，摇摇头。

售货员也在旁边劝说："孩子想喝就给她买一瓶吧。"说着，就要把饮料递到妞妞手里。妞妞眼巴巴地望着我，我依然拒绝了她的要求。

售货员见我不买，就推着售货车走了。然后，妞妞就坐在我旁边生闷气。

"妞妞，为什么想要喝饮料？"我问她，她不说话。

"是渴了吗？"妞妞听了点点头。我从包里拿出矿泉水递给她。"咱们自己带着水呢，渴了你可以喝这个。"妞妞没有伸手接矿泉水，依然低着头不说话。

"是饿了吗？"妞妞又点点头。我则从包里拿出了火腿肠。"饿了你可以吃咱们带的火腿肠。"妞妞低着头玩自己的手指。

"既然我们有吃的喝的，就没必要再买饮料了，你说是不是？"妞妞可能意识到自己错了，点头说："嗯。"

孩子当着别人的面向父母提出不合理的要求，或者因要求没有得到满足而大哭大闹、赌气不说话时，父母往往碍于面子向孩子妥协。这种妥协，只能在当时制止孩子的哭闹，下次再遇到这类情况，他们会比这一次更加不好哄。所以，面对孩子的无理要求，父母一定要坚持原则，不要让孩子觉得一切都是理所当然的。

激励型父母：鼓励方式不当，会让孩子走上不同的人生路

物质激励不是引导孩子进步的长久之策，反而是一个看不见底的深渊。最初的一点点物质满足确实会让孩子尝到甜头，可时间长了，他们就会越陷越深。

夏天一个周末的傍晚，吃过晚饭，我带着妞妞去小区旁边的公园玩。妞妞玩得很开心，时间过得也很快，不一会儿太阳就快下山了，我们打算回家。走到公园门口时，我看到这样一幕：

一位年轻妈妈对一旁玩得正起劲的小男孩说："走吧，我们该回家了。"

小男孩头也不抬地说："你先走吧，我再玩一会儿。"

"你不走，一会儿天黑了就会有坏人把你抓走。"

"我不走，我还没玩够呢。"

妈妈没办法，只好从包里掏出一根棒棒糖，对他说："你想不想吃这个？"说着，晃了晃手中的棒棒糖。

小男孩的眼中闪着一丝渴望："想！"

"想吃就跟我回家。"

小男孩想了想，最终选择了棒棒糖。他嘴里吃着糖，一步三回头地跟着妈妈回家了。

为了让孩子乖乖听话，很多父母都会使用这种见效快的方法。当然，并不是说一点儿都不能采用这种物质激励的方式，但要注意方式方法，如果方式错误、方法不当，就会导致孩子无法树立正确的价值观。就拿上述的案例来说，不是因为天黑了小男孩应该回家，而是在棒棒糖的刺激下，他心不甘情不愿地跟妈妈回了家。类似这种教育方式，长期下去，只会加重孩子对物质的看重，将来孩子长大步入社会，很有可能在面对物质诱惑时动摇而犯下大错。

2014年暑假的一天，妞妞一个人在摆弄积木，不一会儿就摆出一个"长城"。她迫不及待地跑过来，拉我去看她的大作。我看着她期待的眼神，简直像是把"快表扬我"四个大字写在脸上一样。

我一边看着她拿积木摆出来的"长城"，一边竖起大拇指说："真棒！越来越厉害了！"听到我的表扬，妞妞很兴奋地告诉我她是怎么摆的，这里如何摆，那里怎样弄……

妞妞说完，我告诉她："其实，你还可以摆得更像。你看，把这里稍微改动一下就更像了，是不是？"看了我调整的，她觉得果然更像了，于是高兴地点了点头，承诺下次一定摆个更大更好的。

有些父母总是在孩子展示自己精心设计的"作品"并期盼着鼓励时不耐烦地来一句："我正忙着呢，你先上一边玩会儿……"要明白，这样的行为忽视孩子的努力和成绩，会伤了孩子的心。如果这种时候父母可以认真、耐心地听听孩子的心声，引导孩子与你分享创作过程中得到的快乐，并适度地夸赞一下孩子，会取得意想不到的效果。

读初一的望舒很喜欢打羽毛球，尤其对记分制很感兴趣。于是，爸爸妈妈专门给他制订了一个管理表格，把他的学习成绩、生活习惯、体育锻炼等都列进去，并设置评分标准，比如及时完成作业得多少分，准时睡觉得多少分，作业没完成扣多少分……表格的内容以及评分标准是望舒和妈妈仔细商量过后定的，不合理的地方也早在制订规则时就已经提出并修改过了。就这样，每天的生活像个记分游戏一样，望舒玩得不亦乐乎。

每到周末，一家三口会聚在一起核对分数，进行统计，根据分数对望舒进行奖惩，比如看动画片时间的长短，零花钱的增减，或者父母是否陪他去吃肯德基，去游乐园玩，去听音乐会，去旅游……除了周评，还有月评，到年底还有总评。到年底的时候，望舒不再像往年一样期待着要压岁钱了，心里想的盼的是看自己这一年的总评……

多么细心的父母！我相信，为了设计并执行这个模式，望舒的妈妈一定没少花心思。而且，不得不说，望舒父母的教育方法也非常实用：

（1）通过加分、减分，让孩子知道父母对他的期望。

（2）有加分项，有减分项，有奖有罚。即便是奖励，孩子也要通过自己的努力才能获得，这样孩子才不会产生贪欲。

（3）在管理上，父母和孩子共同参与。管理过程很有意思，就像个好玩的游戏。

每个人都渴望荣誉，尤其是孩子，所以父母可以利用孩子的这个心理，用荣誉激励他们，将来的某一天，你会发现孩子带给你的奇迹。

分数至上型父母：成绩歧视是对孩子的一种无形伤害

如今的社会，唯分数论，以至于从孩子上学的那一天开始，父母们就把孩子的成绩看得比什么都重要。其实，这是一个误区！分数不是衡量孩子的唯一标准，一味地看重考试得分，是对孩子一种无形的伤害。

一天下午放学，妞妞和同学小艾一起回来。妞妞悄悄对我说，小艾不敢回家。我问她是怎么回事，她说小艾妈让小艾考前三名，小艾这次考了第十一，没达到她妈妈的要求，所以不敢回去，她只好将小艾带回来了。

快到吃晚饭时，小艾妈打来电话，问小艾是不是跟妞妞在一起。我将妞妞告诉我的话委婉地说了一下，小艾妈却在电话那头说："小艾平时整天就知道玩，不好好学习……"

听了小艾妈的话，我有些心疼孩子，不禁说道："小艾现在的成绩已经很好了。况且她还是个孩子，玩是孩子的天性嘛。"

"她少玩会儿，成绩肯定比现在要好。"

"那她考第几你才满意呀？"

"起码在班里排前三名吧。"

"那你在单位排第几？或者，在同行中，你的业绩排第几？"小艾妈一听我这样说，顿时不说什么了。

只有考试全得满分才说明孩子是优秀的？考不了班里前三名就意味着孩子贪玩？父母因为追求成绩而对孩子的严苛，最终伤害的都是孩子。因为对于孩子的一生来说，有比分数重要得多的东西。

作为一名普通的父母，我也有望女成凤的愿望。但我知道，妞妞的学习成绩不是最重要的。也许她成绩不怎么好，但是她善良、真诚、有爱心、爱读书，和考试得分相比，这些品质对她未来的人生更有意义。

现实中有不少孩子，学习成绩很好，但品行不佳，同学们都不愿意理他；还有一些孩子，虽然成绩平平，但人品不错，能跟同学们打成一片。这也充分说明，孩子的未来不一定是成绩决定的，品行良好的人，步入社会之后，更容易获得大家的支持和帮助。

所谓求知欲，指的是一个人对知识的一种内在渴望。通俗来讲，就是简单的两个字——爱学。孩子最初的求知欲表现在好奇心上，一旦对周围的事物感到好奇，觉得新鲜、有趣，他们就会去观察、去触碰。这个时候，如果父母引导得好，就可以把孩子的好奇心转换成强烈的求知欲，继而养成一种爱学习的习惯。

现实问题是，孩子年龄越小，求知欲越不稳定，今天对这个好奇，明天又喜欢上别的，过一段时间又对什么都不感兴趣了。这时，我们就要注意培养、激发孩子的求知欲。为了提高孩子的求知欲，可以先熟悉孩子最近学过的知识，并在日常生活中灵活运用，使孩子体会到所学知识的意义。

有一次，我和丈夫在玩围棋。妞妞对棋子很感兴趣，也想加入。我抓出许多棋子，摆在她面前，说："你想不想得到这些棋子？"

妞妞坚定地点点头说："想！"

"那这样，如果你比我数得快，就给你玩，怎么样？"

"好，我一定会比妈妈数得快！"

我在一边故意慢慢地一个一个的数，她则用前几天老师刚刚教的两个两个的数法专心致志地数着，没过一会儿，她就准确地数出了棋子。最后，妞妞得到了这些棋子，开心极了。

其实，培养孩子的求知欲一点儿也没有我们想象的那么难，只要平时留心发生在孩子身边的事，把孩子平时学到的内容与日常生活联系起来，或者用孩子学过的知识解释生活中的各种现象。这样一来，不仅可以进一步巩固孩子学习的知识，还能提升他们的求知欲。当体会到所学知识的益处后，新的求知欲往往又会被激发出来。

自恋型父母：自以为是，怎么能教育出谦逊的孩子

　　俗语道：虚心万事能成，自满十事九空！自以为是、目中无人的孩子，只会在人际交往中碰壁，只会让自己与成功南辕北辙；反之，保持一颗谦虚之心，才不会失去人缘，才能使自己立于不败之地。

　　小杰刚来我们小区时，古灵精怪，十分招人喜欢，小区里的人见了他都喜欢逗他。可是，自从上了幼儿园，小杰变得越来越淘气，还经常欺负其他小朋友，小区里的孩子渐渐都不乐意跟他玩了。

　　为什么会这样？原来，他们本不住在这座城市，因为小杰爸爸工作调动，小杰才跟着爸爸妈妈来到这里。那时候，小杰才两岁。由于自身家庭条件不错，妈妈经常告诉他：不要跟家庭条件不好的孩子玩；小杰上了幼儿园，更是将小杰班上的同学分成三六九等，让他跟那些聪明的、家境比较好的孩子交往。

　　俗话说得好：近朱者赤，近墨者黑。久而久之，小杰就变得骄傲起来。在他眼里，自己是最优秀的，没有人比自己强，一般的小朋友根本没资格跟他一起玩。而因为小杰的自负，同学跟小伙伴们也开始疏远他。随着小杰渐渐长大，他开始意识到别人不喜欢自己，他的性格也随之发生了变化。

　　小杰骄傲、目中无人，他的父母有着不可推卸的责任。由于自身条件比较优越，小杰的妈妈就给他灌输一些错误的认知。所以，要想培养优秀的孩子，

父母首先要纠正自身的问题，为孩子树立一个好榜样；只有父母做到为人积极、乐观、谦和，孩子才不会受到负面的影响。

旭尧很早就表现出了惊人的阅读和写作天赋，妈妈发现这一点后，便开始有意培养她这方面的能力，以至于每次旭尧写的作文都被老师表扬，甚至当成范文供同学传阅。日复一日，旭尧开始骄傲起来，认为自己比别人优秀，看不上这个，瞧不起那个。旭尧妈妈虽然意识到这一点，但并没有过多在意。

小学三年级时，旭尧对妈妈说自己长大以后想当一名优秀的作家。看到女儿有这样清晰的目标，妈妈感到很欣慰，而且觉得如果她能以此作为前进的动力，也没什么不好。旭尧为了早日实现自己的理想，她开始尝试给报纸投稿，结果她投的稿子都被退了回来。

看到对方"不识货"，旭尧一脸的不高兴："不识货、势利眼，我这么优秀的作品都不发表！"还发誓说，等自己将来成为文学史上闪耀光芒的大作家时，就算对方求着自己投稿，自己也不会投给他的。

更严重的是，旭尧开始不尊重自己的老师，她觉得老师只会照本宣科；而且她开始讨厌学习，认为课本上的东西都是别人写的。渐渐地，旭尧的成绩一落千丈，到年底期末考试时，她的数学考了 17 分，英语考了 24 分，平时连她引以为傲的语文也只考了 60 分。

看到如此糟糕的成绩，旭尧妈感到很着急，决定改变对旭尧的教育方式，把谦虚教育放在第一位。

孩子对自己的评价过高或过低，都不利于其未来的发展。而且孩子在成长过程中出现骄傲自大的情绪在所难免，作为父母，我们要做的不是指责或放任，而是正确引导，让孩子既在看到自己优点的同时也能意识到自己的不足之处，及时改正，养成良好的行为习惯。

儿童教育专家玛莉琳·古特曼说："小时候过度被父母表扬的孩子，步入社会后，往往会遇到更多的失望。因为有些父母为了鼓励孩子，脱离客观事实，夸大其词。父母的过分赏识导致孩子飘飘然，无法对自我价值进行客观的判断。"

为了树立孩子的自信心，有些父母会经常表扬孩子。可是，这样做真的能让孩子更加自信吗？不！从早到晚，如果孩子不管做什么都能获得父母的表扬，一旦量变演化为质变，孩子就会对自己盲目自信，甚至出现自负心理。

2016 年 3 月的一天，我去一个朋友家做客。朋友有个 8 岁的女儿叫晓彤，从 3 岁开始练习舞蹈，并获得过很多奖项。我进门后刚坐下，朋友就对晓彤说："快给阿姨表演一段，让阿姨看看我们晓彤的本事！"

晓彤经历过大大小小的比赛，并不怯场，大大方方地跳了一段。跳完后，我赶忙夸赞："晓彤跳得真是太棒了！"

朋友看着我，自豪地说："我闺女是她们学校里跳得最好的！"

这时候，晓彤说："妈，你也跳一段吧。"

朋友说："我哪儿会跳啊，我可没长跳舞的细胞。"

"一个没有舞蹈天赋的妈妈居然能生出我这样的舞蹈天才，简直就是个奇迹！"晓彤的话让朋友感到非常尴尬，一时不知道该说什么。

晓彤之所以会说出这样的话，不得不说要怪我这位朋友，正是因为她总想炫耀女儿的能力，在人前夸耀女儿跳舞有多好，才让她变得自大、傲慢起来。

因此，当我们在表扬孩子时，要把握好尺度。真正能够发挥积极作用的表扬，往往不需要浮夸，有时一个鼓励的眼神、一个欣慰的微笑、一个喜悦的拥抱都比赞美之词的堆积更能收获意想不到的效果。

情绪型父母：消极情绪的父母养不出好性格的孩子

情绪是一种奇怪的东西，会传染。你若高兴了，身边的人就会变得高兴；你若愁眉苦脸，身边的人也会陷入抑郁的阴影中。因此，为了让孩子积极向上，拥有一个好心态，父母一定要告别愁眉苦脸，给孩子一个大大的微笑，营造愉快的氛围。

2016 年 5 月的一天，我接到一个咨询电话，一位父亲向我述说：

我今年 45 岁了，在一家大公司做会计。平时工作压力很大，也比较忙，基本上没时间出去旅行。这两年我总觉得事事不顺心，看不清前方的路。我身边也没有什么朋友，无法倾诉自己的苦闷，即使是遇到开心的事，我也高兴不起来。

长期的忧郁、愁苦导致我经常失眠，肠胃炎时不时也要犯一次。我的情况逐渐影响到家人的心情，但我又无法摆脱，有时真的想一死了之。

妻子陪我去看医生，医生说我得了抑郁症。为了缓解，妻子经常跟我谈心，偶尔也会给我讲一些笑话，可是作用并不大。妻子改变不了我，还被我给影响了，最近她动不动就对儿子发脾气，儿子也渐渐变得不爱笑，不爱说话了……

在多数人眼中，自己愁眉苦脸仿佛与他人没什么关系，可事实却并非如此。尤其是身为父母，整天郁郁寡欢，孩子自然也就高兴不起来，心情抑郁；乐观向上，孩子多半也不会满脸愁云。因此，如果想让孩子乐观一些、积极一些，就不要将工作上的焦虑忧愁带到家。

一天，我带着妞妞跟我朋友一家三口吃饭。朋友的孩子叫栎哲，是个自闭症患儿。

从身高来看，栎哲像个四五年级的学生，但实际上他刚上小学一年级。栎哲两岁前，夫妻俩并没发现孩子有什么异常，只觉得他爱哭闹。有一次，他们带栎哲去看儿科，医生感觉不对劲，做了进一步检查之后，医生告诉他们，孩子有自闭倾向。

席间吃饭时，朋友一口一口地喂着栎哲。栎哲低着头，用彩笔在纸上一圈圈的画着什么。沉默的他偶尔发出一两句只有他妈才听得懂的话。

她微笑着看着栎哲，对我们说："现在，栎哲已经有了很大的进步。之前，带他到公共场合吃饭，我都担心他吵到别人。"有时候栎哲会做一些很可爱的动作，或者发出尖叫，朋友就会给我们解释："这表示他太高兴了。"

栎哲的一切虽然都在往好的方向发展，但只有我知道他的父母曾经多么痛苦。被诊断为自闭症后很长时间，他们才接受了这个事实，不再抱怨"为什么是我们家"，并积极地带孩子接受特殊教育。朋友笑着对我说："也许真的是命中注定吧，我们接触的自闭症家庭中，许多自闭症患者的父母工作都不错，薪水也相对较高。我们经常安慰自己，也许就是因为自己承担得起，所以孩子才会投胎到我们家。"

面对自闭症孩子，你会怎么办？相信大多数父母都会感到束手无策，实在忍受不了时，还会对孩子大发脾气。可是，栎哲的父母却用乐观、平和的心态来面对这一切。有理由相信，在父母的引导和帮助下，栎哲的病会慢慢得到缓解。

父母整天愁云惨雾，就不要怪孩子不给你好脸色。尤其遇到问题时，父母保持乐观的态度，积极想办法解决，孩子看到自己的爸爸妈妈乐观向上，很容易受其影响，自然会变得乐观起来。

有一次，我在飞机上遇到一个特别有意思的孩子，至今我依然清晰地记着他的名字——哲洋。

刚上飞机时，我就注意到了他。那时他五岁，长得虎头虎脑的，跟妈妈一起去旅行。

一登上飞机，哲洋就有礼貌地和空姐打招呼。看到妈妈放行李，哲洋就问："妈，要不要我帮忙？"吃零食前，他也主动地问妈妈："妈，你要吃点吗？"妈妈摇头说不吃，他才开吃。

哲洋的言行吸引了很多人的注意，包括我。坐在他们旁边的一位女士羡慕地看着哲洋的妈妈，说："你儿子真有礼貌，还懂得关心人，你是怎么教育他的？我儿子和他年龄差不多，可一点儿都不知道心疼人，还总是吃独食，一不顺心就把家里人折腾得够呛。"

哲洋妈听了，笑着说："我并没有专门告诉过他要关心人，这都是孩子他爸的功劳。我比较喜欢旅行，有时间就会带着孩子出去玩。每次出门前，他爸都会像哥们儿一样对他说：'你已经是个男子汉了，要替爸爸照顾好妈妈。'"

从后来的聊天中我得知，哲洋爸在一家私企当主管，经常去外地出差，每次临走前都会嘱咐哲洋照顾好妈妈。渐渐地，哲洋就有了这种意识：我需要照顾妈妈！

在充满友善和爱的家庭氛围中，孩子的身心才能够健康成长；如果父母每天吵吵闹闹，或者说不了几句就大打出手，孩子感受不到家庭的温暖，脸上又怎么会露出灿烂的微笑呢？也许你会说，我们非常爱自己的孩子啊！我要说的是，这个"爱"不单是父母对孩子的爱，还有彼此之间的相亲相爱。

包办型父母：适当放手，不做万事包办的家长

"中国式父母"日渐成了一个新的流行词语。所谓"中国式"，就是说小到穿衣吃饭，大到就业结婚，只要父母能代劳的，一律包办。父母爱孩子本无可厚非，但爱不是无原则的包办，而是放开手，让孩子学会独立。

莹莹出生后，莹莹妈就辞职当起了全职妈妈，收拾家务，安排孩子的生活起居。本来辞职就是为了孩子，于是孩子的事情她能做的就全代劳了。渐渐地，莹莹习惯了妈妈的一手包办，变得行为懒散，做事也不动脑子。

一天，班主任老师给莹莹妈打电话："莹莹这段时间经常不带课本，上课时注意力也不集中，模拟测试成绩下降很快。"莹莹妈听了之后百思不得其解，自己将闺女的事情都包办了，孩子不好好学习，整天都在做什么呢？

这边刚挂了电话，那边莹莹就踢门进来了，冲她大发脾气："我今天被数学老师罚了……都是你的错！收拾书包也不帮我检查一下课本……"

看着女儿委屈的样子，莹莹妈竟不知道该说些什么。

不可否认，莹莹之所以频频犯错，主要原因就是莹莹妈的一手包办。孩子的成长需要经历、需要体验，将本该属于孩子的磨炼统统剥夺，就不要期望孩子会对你满怀感激。父母万事包办，看似是为了孩子好，实则往往会培养出高学历、低能力的人。难道你真的希望自己的孩子是这样的吗？

2016 年元旦，同事来我家串门。妞妞正好从外面回来，靴子上沾满了泥。

我为她准备好拖鞋，并蹲下给她穿了一只后就招呼着同事进屋去了。同事诧异地问我："为什么不都给孩子穿上？"

我笑了笑，说："这是我创造的家庭劳动教育法。就是不管做什么事，只为孩子做一半，另一半让她独立完成。给孩子扎辫子也是，我只给她扎一边，另一边留给她自己扎。这样，一方面可以促使她自己动手，锻炼她的主观能动性；另一方面，也可以培养她独立自主的能力。"

同事听了，大为叹服。

没有哪个孩子天生什么都会，也没有哪个孩子天生就是独立的，这都需要后天的锻炼来完成，靠父母的引导来实现。因此，父母一定要懂得适当放手，给孩子提供参与劳动的机会，做一半，留一半，有时确实是一种培养与锻炼孩子的有效途径。

授人以鱼，不如授人以渔！父母做的一半，为孩子做了一个样子，教孩子如何去做，起着引导示范作用；而剩下的那一半，给了孩子动手的机会，可以培养孩子自立的能力。

提到"放手，让孩子独立"这个话题，我想起这样一个场景：

两个小男孩在幼儿园里玩拼图，可他们怎么都拼不好。

这时，其中一个小男孩的妈妈蹲下来，对孩子说："还是我教你吧！把这个放在那个上边，把底下那个放到左边……"

另一个孩子回头看了妈妈一眼，妈妈用鼓励的眼神看着他，然后说："再多尝试几次。"后来，孩子经过多次失败后，终于拼好。孩子看着自己独立完成的拼图，开心地笑了。

这两位妈妈，你更欣赏哪一位？

　　在生活中，大部分父母总想替孩子把一切都搞定，即使孩子玩儿，也要在旁边给出各种指导。但事实告诉我们，这样做，是对孩子探索能力和抗挫能力的一种破坏。有时候孩子需要自己去完成一件事，需要经历失败，只有经历过，孩子才能增长经验，他们的翅膀才能逐渐长硬实！

大撒把型父母：陪伴是最长情的告白

孩子与父母关系冷漠，在很大程度上是因为父母的潇洒甩手。要知道，给孩子最好的爱，就是陪伴，哪怕只是静静地陪在孩子身边，无须多言，一个眼神，足以让孩子那颗不安的心安定下来。

我跟之前的同事小张同一年结婚，同一年生的孩子。不同的是，女儿妞妞从出生到现在，一直都是我带，我生活的重心也是她。而小张则是把孩子推给老人照看。

2009 年十一假期前，小张约我一起去丽江玩。我想要是去的话，少则三天，多则一个星期，妞妞从出生到现在从来没离开过我这么长时间，我对她实在放心不下，便婉言拒绝了小张。小张知道了我拒绝的原因后，说："你让孩子的奶奶或者姥姥帮忙照看一下不就行了。我家孩子自从生出来就一直在她奶奶家，你看我现在无拘无束的，多潇洒！"听了她的话，我无言以对。

眼看孩子要上小学了，考虑到北京的教育相对较好，小张就把孩子从老家接了回来。令她没有想到的是，孩子跟她一点儿都不亲昵，这时候她才意识到，这些年她错失了什么。于是，小张总是寻找机会弥补，可是孩子每次都跟她保持距离，说话也十分客气，像是对待陌生人一样。每当看到其他孩子在母亲身边撒娇时，小张都很羡慕，因为她的女儿从来都不会跟她撒娇，就算遇到问题，也不会问她，而是打电话给奶奶。

我之所以要把小张的故事讲给大家听，就是想告诫现在的一些年轻父母，孩子出生之后，如果需要工作，需要老人帮着照看，一定要适度。如果在最开始的那几年你没有参与孩子的成长，那么之后付出的精力会远比其他父母要多，有时甚至花费一生也都弥补不了。

对孩子来说，与之最亲的就是自己的爸爸妈妈。在孩子懵懂无知的时候丢给老人，你可能暂时觉得潇洒了，可是亲子之间的距离却渐行渐远。

在我的老家，有一位 50 后父亲，他跟我父亲一样，是个地地道道的农民。小时候家里没钱供他读书，家里孩子也多，作为家中的长子，他不到 10 岁就辍学回家做农活，帮父母分忧了。

就是这样一位父亲，他的儿子却出奇的优秀，不仅懂事，学习成绩更是名列前茅。每次儿子坐在书桌前认真学习时，他只要有时间，必然坐在儿子身边，拿起笔，抄抄诗词或者练练字，无声地陪伴他。

虽然这位父亲没什么文化，但是他想通过这种方式告诉儿子：我是爱你的，不论遇到什么，我都会在你身边。他用自己真诚而简单的方式满足着孩子的陪伴需求。

受教于这位父亲，我一直谨记"陪伴"二字，努力做到陪孩子一起成长。有时候，父母真的无须多言，只要默默地陪伴着孩子，孩子就能感受到父母的爱。有些父母误以为努力挣钱才能给孩子最好的教育，殊不知，情感的付出远远超过任何物质上的满足！

华南师范大学学前教育系的冯夏婷教授这样告诫父母："职场父母一定要多挤点时间陪陪孩子。你可以把孩子交给保姆、老人，但是谁也取代不了父母在孩子心目中的地位。千万不要以忙为借口把孩子推给保姆、老人，不管多忙，一定要记住和孩子多聊天、多沟通。"

孩子出生后，为了追求自己的事业，很多父母把孩子交给老人，等他们有时间了，想陪伴孩子，孩子也长大了，却不愿意跟他们沟通。当别人问起，他们会自我安慰说：我也是为孩子着想，想给他创造更好的物质条件。

他们的话看似有道理，不过却是站在自己的角度思考问题，并没有真正考虑过孩子的感受。和物质的满足相比，孩子更渴望得到父母的陪伴和关注。也许有的父母会说，我知道，但这很难实现，生活节奏越来越快，一不留神就会落伍。对于这样的言辞，我想说：你不仅是职场人士，更是孩子限量版的父母！

作为父母，不论自己平时工作多忙，都要抽出时间来跟孩子在一起，有了你的真心陪伴，孩子就会心安很多，也会让他们明白：父母确实在意他、爱着他！

Chapter

正确教养的前提是充分了解孩子

俗话说，知己知彼，百战不殆！

要想给孩子最好的教育，首先就要了解孩子；

然后，才能对症下药，药到而病除。

渴望被爱型：不要吝啬，大声告诉孩子"我爱你"

孩子的内心是脆弱的，所以他们渴望被爱，渴望来自家庭的温暖，一旦实现不了就会叛逆，甚至在犯错的道路上越走越远，越陷越深。因此，明智的父母通常都能让孩子感受到自己的爱。

我有个朋友，是少管所的心理医生。他所在的少管所里，共有1200多个孩子，都是未成年，大多十三四岁，有的十六七岁。其中，男孩占90%以上，单亲家庭的孩子占80%以上。

朋友说，每个孩子进来后他都会亲自对其进行心理辅导，5～10次不等。在心理辅导的过程中，他发现几乎所有的孩子都是低着头，以至于他起初都记不住孩子的脸。他知道，这些孩子之所以会如此，主要是因为没有自信，他们知道自己做错了事，不敢用眼睛跟人交流。经过多次心理疏导后，孩子们才终于敢把头抬起来。

"你知道这些孩子第一句话往往说什么吗？"朋友看了我一眼，接着说，"他们说的几乎大同小异。'老师，为什么你不是我妈？''老师，怎么我妈不像你一样？''老师，为什么我的父母不爱我？小时候，我爸妈不停地吵架。我怎么样做，他们才不离婚？他们离婚了，都不爱我了……'听着这些话，我心里会一阵一阵泛酸，虽然他们犯了错，但能全都怪他们吗？"

确实，很多孩子是因为感受不到父母的爱而走上犯罪道路的。其实，他们内心深处渴望被爱，希望被父母疼着、宠着，一旦他们发现这些实现不了，为了引起父母的注意，他们就会变得越来越叛逆，最后铸成不可挽回的大错。

前段时间，有领导要下来检查，李海一直都在加班，早出晚归，累得回家都不想说话。有时候，女儿找他说话，他也是训斥几句，将女儿轰走。

这天晚上，已经连续加班五天的李海一进家门，就瘫坐在了沙发上，精疲力竭的样子。休息了一会儿，他便打开电视，调到了综艺频道。他听到一个搞笑的段子后，忍不住笑了起来。

女儿来到李海身边，怯生生地说："爸爸，你终于笑了。爸爸不生气了吧？"听了女儿的这句话，李海愣住了。自己明明没有生气，女儿为什么会这么说呢？细想之下他恍然大悟，原来她把自己的疲惫、不想说话理解成了生气，按照她的逻辑："爸爸今天回家怎么不说话也不笑，是不是生气了？会不会是因为我不乖？爸爸是不是不爱我了？"苦心经营多年的慈父形象瞬间崩塌。李海明白了中间的利害关系，立刻换上一张笑脸。

吃完饭，女儿很想玩小汽车，用征求的眼神看着李海。李海笑着向孩子点点头。女儿高兴地把小汽车放在地上，玩得很开心。从此以后，不论工作多忙，不论是否疲惫，李海只要一进家门，都会露出一张笑脸给女儿，同时给她一个爱的抱抱，用行动告诉女儿"我非常爱你"。

随着孩子逐渐长大，慢慢有了自主意识，也能够意识到父母的言语色彩，父母有一点不好的情绪，他们都会感知到，并将父母的情绪变化跟自己的不乖联系在一起。所以，父母要尽量将积极乐观的那一面展现给孩子，告诉他们："我是爱你的！"

渴望被信任型：信任是一种快乐，被信任是一种幸福

父母的信任是对孩子的最好鼓励，孩子很希望得到父母的信任，像朋友一样平等交流。如果父母不能理解这一点，只是一味地唠叨、指责，就会失去孩子的信任，同时孩子会变得越来越逆反，越来越不听话。

去年的一天，一位朋友跟我说起了这样一件事：

这天，女儿回家后说想要一部手机，因为班里的同学都有手机。想到女儿也大了，有手机的确会方便一些，朋友便答应了。但前提条件是，不能因手机而耽误学习，女儿欣然答应。

可是，渐渐地，她发现女儿有了手机后，就不用家里的固定电话了，而且她总悄悄地在自己屋里接打电话。她在和什么人交往？女儿是不是早恋了？抱着这样的心态，她趁女儿不在家时偷看了女儿的通话记录和短信，对"可疑"短信进行筛选，并给对方回拨过去，问对方是谁，告诉对方不要给女儿打电话或发短信，以免影响了学习。

朋友的行为产生了一定的效果，之后再没有人给女儿发短信了。可是，就在她为自己的及时干预感到欣慰时，女儿重重地把手机摔到了她身上，生气地说："你调查我！同学都因为这件事笑话我，你高兴了？从现在开始，我不用它了，看你用什么调查我！"

每位父母都希望得到孩子的信任，可是很少有人会想，我们是否信任自己的孩子。生活中，很多父母都是凭直觉对孩子进行教育的：孩子学习成绩下降，就觉得孩子一定贪玩了；看到孩子和异性同学聊天，就认定孩子早恋……

孩子的内心非常敏感，最怕父母不信任自己，尤其是心理承受能力比较弱的孩子，他们更会因为父母的不信任而对父母失望，从而变得郁郁寡欢。父母只有相信孩子，对孩子进行合理、正确的引导，才能让孩子少犯错误，使他们身心平衡、健康成长。

周末，一个朋友给我打了 10 个电话，我因为开会把电话设为静音所以没有接着。

会议结束后，我给她回过去，电话立刻被接起，朋友说："大专家，你可算是接电话了，鹏鹏早恋了，怎么办？这孩子平时都挺懂事，你说这都快高考了，突然早恋了！"

听着朋友着急的语气，我决定先安抚一下她："我是看着鹏鹏长大的，孩子很懂事，放心吧，他有分寸。你打算怎么办？"

"必须采取强硬措施，我不能看他在高考之前出幺蛾子，万一高考考不好怎么办！"

"你打电话就是为了告诉我你要采取强硬措施？"我笑着问。

朋友沉默了一会儿，说："也不是，孩子读了这么多年书，现在可是最关键的时候。我想采取强硬措施，但是怕影响孩子心情。"

怎么办？我突然想起了以前读过的一个故事，于是便讲给她听：

肖奈爱上了学校的校花，花费了一个月的时间去追求她，追到手之后，肖奈几乎把所有的时间都用在了校花身上，成绩下滑很快，从年级第五下滑到年级一百多名。父母感到很担心，决定和儿子谈一谈。

一天晚上，肖奈很晚才回家，父亲装作不经意的样子，问他为什么这么晚才回来。他说，一位女同学生病了，他去照顾同学了。父亲问，你喜欢那个女同学？肖奈诧异地看着自己的父亲。父亲并没有理会肖奈诧异的表情，而是让他坐在沙发上，看着他的眼睛问："你想娶她吗？"肖奈想了想，郑重地点点头。

父亲接着说："儿子有担当，我很高兴。但是，你有没有想过，结婚得有房子、车，还需要给她准备漂亮的婚纱和钻戒。这是一笔不小的数目，你现在能买得起吗？"

肖奈惊讶地望着父亲。父亲继续说："我知道，现在你除了周末打工赚些零花钱外，没有多少积蓄。如果你现在不上学而选择出去打工，赚的钱也不会很多，要攒够可以娶这位漂亮姑娘的钱，我觉得你需要努力 20 年。"

"20 年？太久了吧？"肖奈沮丧地说。

"如果你想尽快娶到这位漂亮的姑娘，那你必须努力读书，获得一个高的学历，找到一份赚大钱的工作，这样你就能尽快得到结婚所需要的一切，不是吗？"父亲引导着说。

肖奈想了想，觉得有道理。之后，肖奈学习很有劲头，再没有因为"恋爱"耽误学习。

听完这个故事，朋友说了声"谢谢"就挂了电话。

几天之后，朋友又打电话给我，说自己按照故事里的方法和儿子认真地谈了谈，儿子也保证不会影响学习，朋友也愿意相信他。

青春期的孩子，有些事情需要他们自己去认知和解决，父母的作用就是给他们以指导和启发。强迫孩子去做他们不愿意去做的事，只会适得其反。

一天晚上，我正在厨房里洗碗，妞妞过来给我帮忙。她一边洗一边对我说："妈，明天是周末，我给你做早饭吧，这样你就能多睡会儿了。"我一愣，暖意从心底慢慢升起，看着女儿说："好呀。"

第二天早上，我睡到自然醒。正要去厨房做饭，突然发现一碗喷香的米粉已经摆在饭桌上了。妞妞一边招呼我过去尝尝她的手艺，一边问我味道如何。我尝了一口，感觉味道还真不错，挺像那么一回事，我疑惑地看着她，暗想，这真的是她自己做的？

妞妞似乎觉察到了我的心思，说："你不相信是我做的呀？其实，每天早上都是你给我做早饭，我也经常看你在怎么做，慢慢我就记住了。之前一直没有机会尝试，今天趁着周末，我终于能给妈妈做顿饭吃了。"

妞妞自豪地说着，看她那么自信的样子，我也觉得很骄傲，便摸着她的头说："要不午饭给你爸也露一手？让他也尝尝你的手艺？"妞妞欣然接受。

中午丈夫回来，我把早上的事情告诉他，他听完一愣，还以为我们母女俩逗他玩呢。后来，见女儿一副认真的模样，他便点着头应允下来。

妞妞挽起衣袖，就在厨房忙活开了。洗、切、炒，不一会儿，还真做出了一顿午饭。虽然菜很简单，卖相也差了点，但是味道真是不错，不咸不淡，对于没有做饭经验的妞妞来说，她的表现让我跟丈夫大感意外。

我相信许多父母跟我一样，当年龄不大又从没有煮饭经历的孩子在你面前煞有介事地要为你做一顿饭时，都会很吃惊。可是，吃惊之后呢？你会做什么？也许有的父母会说："算了吧，还是我来做，你爸快回来了，别耽误了吃饭。"或者是"你做的饭能吃吗？我怕你把饭菜做糊了，浪费"。……这些质疑的话带给孩子的是不被信任的感觉，会影响他们对自己的判断，或者对他们的未来带来不好的影响。所以，如果你的孩子提出做饭的要求，我们何不痛快地答应，让他们试一下？如果实在不放心，你可以在旁边指导，或者告诉他们，饭菜没熟不怕，还可以回锅，一旦做糊了，可就彻底没得吃了。总之，多给孩子一份信任，你就可能出乎意料地收获一份回报。

渴望被平等对待型：孩子渴望的平等，父母能读懂几分

威廉·哥德法勃有这样一句话："教育孩子最重要的，是把孩子当成与自己人格平等的人，给他们以无限的关爱。"与孩子交流，以居高临下的姿态，权威式地恫吓，只会引起孩子的不满；相反，转变姿态，像对待朋友那样平等交流，才有可能达到沟通目的。

外甥女今年5岁，胖乎乎的，很可爱。一天晚上，表妹在沙发上看家庭伦理剧，小外甥女写完作业吵着要看《喜羊羊与灰太狼》。表妹说："要看也行，但必须把中午你剩的那半碗米饭吃掉。"表妹还惦记着午饭时闺女没吃完的那碗米饭。

外甥女听了很气愤，带着哭腔吼了一句："我又不饿，为什么非要让我吃饭？"

表妹从小就任性，为人母之后也没变多少，这时她也提高了嗓门："不管你饿不饿，反正不把饭吃完，就别想看电视。"

外甥女气哭了，跑回书房，而表妹最终也没让步。

现实生活中，我们经常可以看到这样的情景：妈妈为了让孩子吃饭，想尽一切办法，但结果总是引起孩子的不满。想想看，如果是自己，本来就不饿，又怎么能吃下更多的东西呢？

孩子长大后，开始有了平等的概念，如果父母的做法伤了孩子的自尊心，就很容易激起他们的逆反心理和抵触情绪。有的孩子甚至为了维护自尊心，选择激烈的方式对抗，这时父母就更难办了。

没有一个父母不想和孩子好好交流，但是更多时候，任凭父母怎么说，孩子都看似不太配合。其实，不是孩子不懂事，只是父母用错了方法。和孩子沟通并没有想象的那么难，只需要你放下权威的架子，平等、友善地对待他们。

妞妞小时候也很调皮，一次，她和几个小伙伴一起玩丢沙包的游戏，不小心丢到邻居家的窗台上，把人家的玻璃给打碎了。知道自己犯了错误后，妞妞有点心虚，赶忙回家告诉了我。我带着她，给邻居道歉，并做了补偿，事情顺利解决。

回到家中，妞妞坐在沙发上低头不语，估计是害怕我骂她。我在她旁边坐下，只说了三句话："知道自己做错了？下次还这么淘气吗？以后玩游戏一定要注意，好吧？"妞妞自然意识到了自己的错误，默默地点点头。

还有一次，妞妞放学之后没有按时回家，也没给我跟她爸爸打电话说明原因，我担心得不得了。

这时候，大多数父母可能会选择孩子回家后数落他们一顿，可是我没有。妞妞一进家门，我帮她把书包卸下来，并揉揉她冰凉的小脸："今天回来得有些晚，是老师拖堂了吗？我做了很多你喜欢吃的菜，现在都凉了……从六点开始，我到阳台看了好几次，都没看到你。"

妞妞听我这么说，赶紧向我道歉，说放学陪同学去买东西忘了时间，所以回来晚了。我微笑着对她说："我知道你是一个善良的好孩子，我非常相信你，可是我也担心你。你也听说过小朋友被坏人抓走的消息，所以，如果以后再有什么事需要耽搁的话，就打电话告诉爸爸妈妈一下，好不好？"

"好！"女儿大声保证。

孩子越小，经历的事情少，父母没有提前告知，他们犯错很正常。如果妞妞一回家我就劈头盖脸地一顿批评，她一定会觉得十分委屈，而我也会越发生气，这样的结果并不是我想要的。

不顾孩子的想法，把自己的主观愿望强加给他们，当他们的想法与自己的愿望相冲突时，父母就会感到奇怪，为什么孩子会有这样的想法。而且大多数父母即使感到奇怪，也不会在乎，还是会强制孩子按自己的意愿行事，这种情况下，孩子当然会不高兴。多从孩子角度思考问题，孩子才会接受你！

渴望被尊重型：孩子眼中的"灰色"却被父母当成"赞歌"

　　父母对待孩子一定要学会尊重，包括尊重他们的人格、兴趣爱好以及他们的隐私……只有当父母学会了尊重孩子，才会受到孩子的尊重。

　　小茜对小动物很感兴趣，尤其喜欢研究它们的运动轨迹、生活习性等。为了观察小动物，小茜经常会将衣服弄脏。小茜爸爸很生气，勒令她以后不要出去玩，还给她报了钢琴班，认为这既可以减少孩子去外面的频率，又可以培养特长，一举两得。

　　起初小茜总是趁着父母不注意悄悄跑到小区公园做自己喜欢的事，有一次，她把一只蜻蜓带回家，爸爸知道后大怒，训斥了她，并一脚踩死了那只蜻蜓。小茜当时就被吓住了，眼泪一直无声地流。自此之后，她的学习成绩每况愈下，原来活泼开朗的小女孩一下子就变得沉默寡言。小茜爸爸感到束手无策，到处找人寻求解决办法。

　　不可否认，小茜爸爸的行为是错误的，他对小茜的兴趣爱好强制干涉，使她对自己的爱好失去全面的认识，甚至否定自己对事物的判断能力，从而丧失自信。

　　忽视孩子的兴趣，硬让他们做一些自己不喜欢的事，当他们的忍耐达到一个限度之后，势必会产生抗拒心理。例如，有些孩子原本对舞蹈没兴趣，被父母逼着每天练跳舞，不仅无法提高舞蹈水平，还会让孩子变得无所谓、自卑、自闭等。

彤彤是我初中同学李相的女儿，从小就喜欢写作，梦想能成为一个大作家。而且她非常有想法，脑子里经常出现一些天马行空的念头。李相便鼓励她把自己每天所思所想记录下来。眼看就要升高三了，李相觉得彤彤如果还是每天花时间码字的话，定然会影响到学习。

平时，李相也经常叮嘱彤彤："你现在还是学生，要以学习为主，码字的同时不要忽略了学校的功课。"彤彤每次都答应得好好的，但做时就是另外一个样子了。

期末考试结束后，学校开家长会，知道女儿的成绩一落千丈，李相很生气。回到家里，看到彤彤专注地在电脑跟前噼里啪啦地码字，李相的怒气奇迹般地全部消失了。

彤彤见妈妈回来了，来到她身边，低着头说："妈，这次考试我成绩下降了很多。"

李相看着女儿内疚的样子，不忍苛责："我能看看你写的东西吗？"

彤彤从电脑里把文档找出来。李相一页一页地看，不得不承认，女儿确实写得很好，可是目前来说，高考更重要。"你的稿子写得真棒！"

"真的吗？"女儿眼前一亮，笑着问。

"以你现在的水平来看，已经很不错了。我相信你以后会写得更好。但还有一年就高考了，先把高考这一关过了，才有更广阔的空间发挥你写作的能力，对吗？"

彤彤听了妈妈的话，认真地点了点头，并保证先努力考上一个好大学。在之后的日子里，彤彤虽然偶尔在电脑上敲敲打打，但是不会占用太多的学习时间。

现代社会竞争越来越激烈，所有父母都希望自己的孩子能有一个好的前途，但是，人生是孩子自己的，怎么过、怎么走是孩子自己的事，打着为孩子好的旗号，不尊重孩子的兴趣爱好，逼他们去做不喜欢的事，只能让他们不堪重负，变得消沉。

一个周末，妞妞约同学小希来家里一起做作业。两个孩子写完作业后就开始在书房聊天。当时我在客厅里看书，自然听到了她们的谈话。

小希问妞妞："你妈翻看你的日记吗？"

"不看！我的日记本密码锁就是摆设，从来都用不着。"

"我真羡慕你。上星期我发现我妈妈偷看我的日记了。那天上学，走到半路我突然想起来忘带作业本了，急忙回家去拿。刚刚一进门，我妈就从我的房间出来了。我回屋拿作业本的时候发现抽屉被打开了，日记本摆在桌子上。我生气地问我妈：'你怎么能随便翻我的抽屉，看我的日记呢？'我妈居然说：'当妈的看看女儿的东西，有什么错？'我听她这么说，非常生气……"

相信不少父母和孩子在"隐私"问题上都产生过摩擦。孩子的日记本，父母希望能够窥探一二；打到家中的电话，父母更是能问则问、能听则听……甚至还美其名曰"我是关心你""我不是怕你被别人骗么"……

随着孩子年龄渐长，他们的知识、阅历、情感会逐渐完善，自我意识、自尊意识也会不断增强，不会像小时候那样无所顾忌地对父母敞开心扉。为此，很多父母会感到莫名的失落，于是无所顾忌地进入孩子的世界、随意闯入孩子的"隐私地带"，甚至私拆孩子的信件、监听孩子接打电话、偷看日记等，结果引得孩子不满。要知道，每个人都有隐私，孩子也不例外，他们更希望获得父母的尊重。

渴望被赏识型：我们怎么对待孩子，决定了孩子的命运

我国著名教育家陶行知先生说："教育孩子的全部秘密在于相信孩子和解放孩子。相信孩子，解放孩子，首先要赏识孩子。"赏识是教育的真谛，父母对孩子的赏识，能带给孩子无限的信心和动力。

学校开家长会，会前，所有的父母都坐在一起聊天，话题自然离不开"孩子"。家长们互相认识后开始说自己家的孩子不好："学习成绩不好""调皮不听话""不懂事"……直到班主任进来，我都没有听到他们夸自己孩子一句。

看着他们，我不禁想起了这样一个故事：

爱因斯坦4岁时还不会说话，许多人怀疑他是个"低能儿"。可是，父亲却觉得小爱因斯坦非常聪明，对他非常有信心，并为他买了积木，教他搭房子。他每搭一层，父亲便会表扬他一次。

爱因斯坦上学后，表现平庸，老师对他父亲说："你儿子将一事无成。"老师和同学的讽刺和讥笑让爱因斯坦灰心丧气，不愿去学校。父亲不停地鼓励他："你的表现之所以没有他们好，是因为你的思维跟他们不一样。每个人的思维都不同。你这方面比别人差，也就意味着，另一方面比别人要强。"父亲的鼓励使爱因斯坦重新振作起来。

年龄小的孩子，自我意识还没有形成，父母对他们的评价很容易被他们当成自己真实的样子。适当运用赏识教育，孩子就会对未来有积极的期待，坚信自己是有价值的人，并努力创造价值。所以，身为父母，一定要充分肯定孩子，用大拇指称赞他们，而不是用食指指责他们。

诗诗小时候因为一场高烧造成小脑萎缩，上学比较晚。同班同学中，她年龄最大，学习成绩是最差的，于是同学们都叫她傻瓜，这让她非常自卑。

一天，语文老师在课堂上让孩子们用"相信"造句。同学们争先恐后举手，句子都不错，老师不住地点头赞许。她看诗诗低着头，一直不参与，便鼓励道："下面请诗诗给大家造一个句子，好吗？"

诗诗站起来，想了想，小声地说："我相信石头会开花。"她一说完，全班同学都笑了。语文老师示意大家安静下来，然后大声说："这个句子造得很好！"顿了顿继续说，"我也相信石头会开花。"之后便用慈爱的目光看着诗诗。

"老师，您也相信？"同学们不解地望着老师，因为他们都觉得这句话是错误的。

一个月后，语文老师把一块长着鲜艳花朵的火山岩带到教室，同学们都惊讶地张大了嘴巴。从此，再也没有人说诗诗傻了。

长大后，诗诗成了一位童话作家，写了许多精彩的童话故事。

生活在欣赏里，孩子就会产生自信；反之，生活在批评中，慢慢就学会了指责；生活在敌意里，就学会了斗争。这也警醒父母，消极和否定的因素只会毁了孩子，只有爱和赏识才会创造奇迹！

我们小区里的一位男士奉行"棍棒底下出孝子"的理念，于是他经常打儿子，不承想儿子变得更加叛逆。有一天见到我，他问我怎么办。我告诉他，要改变目前的教育方式，多看到孩子的优点，多夸他。回到家，他就对正在吃饭的儿子说："儿子你真棒！"儿子吓了一跳："爸，我今天就抄了抄别人的作业，没干其他坏事，想打你就直接打吧！"

事后，他给我打电话，沮丧地跟我说了事情的经过，最后表示，儿子根本不相信他的赞扬。我告诉他，赞美的话要发自内心才会见效。

每个孩子的身上都有优点，父母只有真正从内心去挖掘、去赏识，他们都可以做到让父母自豪。如果父母不是发自内心，即便说出赞美的话，孩子也感受不到你的真诚。

渴望友谊型：离开玩伴的孩子，未来的人际交往存在隐患

孩子与大人一样，都渴望友谊，都渴望和同龄人交往。父母一味地制止，只会给孩子带来负面的影响，使孩子变得越来越孤僻，越来越不会交际，严重的还会导致孩子出现各种心理问题。

米豆今年 9 岁，正在上小学三年级。

一天晚上，米豆妈接到儿子班主任打来的电话："米豆很聪明，一教就会。但是不喜欢和同学玩，上学、放学都是一个人，下课也总是默默地坐在课桌前做作业或者是发呆。虽然他的学习成绩非常好，但交际方面显得比较不合群。"

米豆放学回家，妈妈问："你在学校和同学们处得怎么样？"

米豆说："还行。"

"有最好的朋友吗？"

"没有，我不喜欢跟他们一起玩。"

"为什么？"

"没为什么，反正就是不喜欢。"

听了儿子的回答，米豆妈做了自我反思。米豆妈的控制欲比较强，在儿子很小时，总担心他会磕着碰着，便不允许他出去玩，儿子只能眼巴巴地看着窗外的小朋友玩耍打闹。虽然米豆妈也有些不忍，但为了儿子的安全，她最终还

是狠心让孩子待在家里。为了弥补儿子，米豆妈给他买了各种玩具，时间久了，他也就不再提出去玩的要求了。

上幼儿园时，米豆妈就发现米豆总是独来独往，不跟小区里同龄孩子玩，起初她觉得孩子还小，稍微大一点就会有所改变。可是，上了小学，米豆的情况非但没有好转，反而越来越严重。

米豆妈的这种教育方式简直就是关心则乱，心里原本想的是为了孩子好，却给孩子带来了无法弥补的伤害。

把孩子看得过于脆弱，怕他们到外面会受伤，禁止他们和其他小朋友接触，这种教育方式对孩子百害而无一利。事实证明，给孩子太多的限制，只会让他们变得自闭。

随着年龄的增长，孩子的社交心理逐渐强烈，渴望有自己的伙伴。如果孩子与人交往的愿望总是不能获得满足，就会用其他物体来代替，与人交往的愿望就会慢慢淡漠，就会形成这方面的缺失，影响到孩子的心智发展。因此，适当给孩子创造条件，让他们同龄人多接触。

妞妞从小就喜欢交朋友，那时候她最好的朋友是离我们小区不远的一家小超市老板的女儿玉环，她和妞妞同岁。他们一家三口不是本地人，几年前来到这里开超市，白天卖货，晚上他们就挤在超市的隔断里睡觉。

刚开始，小区里很多孩子都喜欢跟玉环玩，因为玉环性格好，长得也招人喜欢，可是后来有些孩子就不找玉环玩了，说是父母不让，怕"不卫生"。这对于一个孩子来说太不公平了。我鼓励妞妞去找玉环玩，两个孩子一块玩儿橡皮泥也能玩一下午，玩得很开心。

玉环是个勤快的孩子，经常会帮妈妈剥葱洗菜、打水、买饭。耳濡目染中，妞妞也有了明显的变化。我洗菜时，她主动帮忙，而且还懂得节约用水；吃完饭，还要帮我洗碗……

如果是你，可能也不赞成自己的孩子跟那些成绩不好的孩子玩，担心受他们影响，自己的孩子成绩下滑或者也被带坏。实际上，这种想法是有失偏颇的。

要让孩子树立正确的交友观，父母就要让他们学会与各式人等交往，只有在跟不同类型的朋友交往中，才能找到最适合自己的朋友，从而知道什么样的朋友该交，什么样的朋友不能交。换句话说，父母最好不要帮孩子限定交友的人选，相反，要鼓励他们交朋友，而且跟人交朋友时要慎重。

自从上小学后，妞妞每次过生日都会邀请自己的好朋友一起来家里。2016年生日的前一天，我特意问她要不要邀请一些同学来家里玩。妞妞点点头，笑眯眯地表示愿意。早上一起来，我就去给她订制了一个大蛋糕，并准备了一些孩子们喜欢吃的零食和水果。

放学之后，妞妞带着她的朋友们来家里，我跟丈夫招呼他们进屋，让他们随便玩，然后我们两就出去散步，把空间全部让给她们。

等我们回家时，他们已经玩得很尽兴了。虽然家里稍显狼藉，可是看妞妞满脸笑容，我跟丈夫也很开心。妞妞端来两块蛋糕，说："爸爸妈妈，这是专门为你们留的。我的同学都说，你们俩非常好！"

尊重孩子的朋友，就是在肯定孩子的交友观。也许，孩子小时还意识不到这个问题，可是他们的潜意识会因为父母的尊重而感到欣慰与满足。如果因不喜欢孩子的朋友而冷落他们，就会让孩子的自尊心受到很大伤害，最后父母不高兴，孩子也不高兴，得不偿失。

渴望安全感型：培养孩子内在安全感，是送给他一生的礼物

安全感是生命的底色，深深地影响着每个孩子的成长状态。孩子只有具备了安全感，才会放松下来，体会到轻松、自在、欢乐等。因此，给孩子足够的安全感，让他们在安全的环境和心理状态下安心成长是每位父母的责任。

因为工作的原因，在女儿菁菁 1 岁多时，李梅便将她送到了姥姥家，直到 3 岁多才接回来。接回来后，最开始时，菁菁跟她不怎么亲。后来，长时间朝夕相处后，彼此的关系好了许多，但李梅发现，女儿很黏人，而且非常胆小、怕生。即使在自己的家里，也总跟在李梅后面，只要一眼看不到她，就会立刻大声喊"妈妈"，得不到回应，她就哭。

菁菁不仅很依恋李梅，而且还很恋物。上幼儿园时，老师说她整天抱着自己的玩具小熊，吃饭、睡觉、做游戏都抱着，不允许别人碰。有一天上美术课，老师把小熊收进她的课桌里。菁菁说什么都不干，最后坐在地上号啕大哭。老师立刻将小熊拿出来还给她，可是怎么哄都不好。老师没办法，只好给李梅打电话。

幼儿园老师说，菁菁在幼儿园里很孤僻、不爱说话、不爱跟小朋友一起玩。她非常喜欢滑滑梯，但没人时才敢去滑，也很少主动开口说话，老师跟她说话，

她也总是低着头……

当李梅将菁菁的情况告诉我时，我立刻意识到，菁菁很可能是缺乏安全感。

教育专家说："孩子3岁以前是安全感建立的时期，把孩子交给老人或保姆，妈妈不在身边，孩子就会缺失安全感。"不要觉得，孩子在物质上什么都不缺，有爷爷奶奶、姥姥姥爷宠着，就不会出现问题。其实，孩子最需要的还是爸爸妈妈，只有在爸爸妈妈身边，孩子才会有安全感和幸福感。

朋友的儿子叫小帅，每当阴天下雨，只要听到雷声，他都会感到害怕。但是，作为一个男孩，小帅又生性倔强，即使害怕也不会哭，就自己忍着。

有一次朋友出差，半夜的时候被手机短信提示音吵醒。睡意退去，朋友听到了外面的雨声，下意识地想到了儿子，急忙打开手机。果然，儿子给她发了一条信息：妈妈，下雨了，雷声很大！仅仅是简短的一句话，她就清晰地从字里行间看出儿子的害怕，于是赶紧打电话过去和儿子聊天，分散他的注意力。

爱孩子，不只是在他饿的时候给他做顿饭，更要在他悲伤或者害怕时加以安抚，等等。作为父母，让孩子接收到持续的爱是非常必要的。也只有在充满爱的环境中长大，在孩子需要爱时能立刻得到，长大后，他们才会温和善良，自信阳光，更容易和身边的人友好相处。

朋友离婚时她的孩子7岁。办完手续后，两个人坐下来对孩子说："宝贝，爸爸妈妈离婚了。"孩子不明白什么意思。于是，朋友告诉她："从今以后，妈妈就不跟爸爸住在一起了，但我们会继续爱你。"她的语气很平静，就像讨论今天吃什么一样。

之后，两个人轻松愉快地和孩子聊了些别的话题，比如，现在父母离婚不是多么不得了的事，而且跟孩子没关系，仅仅是爸爸妈妈换一种方式相处；离婚之后，爸爸妈妈会更加珍惜彼此，每个人从此都可以更加开心……最后，朋友抱着孩子说："宝贝，你一直是爸爸妈妈最疼爱的孩子，我们会一生爱你！"

朋友没有食言，只要有时间，她就会给孩子打电话，询问孩子的近况，身体怎么样，学习如何。周末也会带孩子去游乐场玩，跟孩子一起做各种他喜欢的事情。

如今，朋友的孩子长大了，据我所知，这个孩子现在的身心发展都很好，父母的离异并没有给他带来负面的影响，因为一直以来父母都给了他足够的、持续的、稳定的爱，让他获得了安全感。

安全感，大到可以延伸出孩子对别人以及世界的信任，小到关乎孩子的自尊和自信。因此，不论碰到什么情况，父母都要保证给孩子充足的安全感，让他感受到父母的爱。

Chapter

人品教育——培养孩子的人品是家庭教育的头等大事

任何一个负责任的父母都不愿意自己的子女跟人品不好的人交往，

即使孩子学习成绩好、能力强，人品差，也会出现问题。

如果想给孩子最好的家庭教育，首先就要先重视人品培养。

文明：净化语言环境，满口脏话的孩子讨人嫌

孩子的素质如何，大多体现在语言上，出口成"脏"，不仅说明父母教育的缺失，更会影响孩子的未来。想让孩子人品好、有修养，首先要净化孩子身边的语言环境，让孩子在潜移默化中受到文明用语的熏陶。

2015 年的一天，我坐飞机到外地参加闺蜜的婚礼，登上飞机后，坐我前面是父女俩。

小女孩大约 6 岁的样子，空姐走过来，微笑地说："小朋友，你好！"她没有回应，空姐感到很尴尬。中年男子顺口就是一句训斥："这孩子，阿姨和你打招呼呢，怎么也不回应一下，太没礼貌了！"小女孩还是不为所动。

很快，飞机起飞，中年男子不停地招呼空姐："喂，有咖啡吗？""哎，你去帮我拿条毯子。""我要热咖啡，怎么给我了一杯凉的？"……当空姐换了杯热咖啡送过来时，中年男子对小女孩说："快点谢谢阿姨。"小女孩却低着自己的小脑袋，不说话。

很多父母都希望自己的孩子在外人面前会说话、懂礼貌，可当孩子达不到父母的要求时，他们就会责怪孩子，很少想到"子不教，父之过"。希望孩子有礼貌没有错，可是如果采用不合理的方式来教养，就会产生"教子无方"的后果。身为父母，如果言行无状，在孩子面前也毫无顾忌，又怎么能期望他们说话办

事招人喜欢呢？

妞妞班里有个学生叫刘力，父母都是打工一族，没多少文化，为了让儿子接受最好的教育，他们便将孩子从农村老家接到北京来读书。

刘力为人很仗义，喜欢打抱不平，但是他有一个非常明显的缺点，就是喜欢说脏话。一天，刘力和班里一名男生产生了小矛盾，刘力骂了对方几句非常难听的话，把对方惹恼了，上来就给了刘力一拳，瞬间两人扭作一团，直到班主任过来把他俩拉开才作罢。

班主任把双方父母请到学校。刘力爸得知儿子闯了祸，怒火中烧，一走进教室就给了他几拳，嘴里还骂道："你这个小兔崽子，又给我惹事，不想活了啊？"班主任赶紧上前制止，刘力爸只好住手，火气也慢慢收敛了。

刘力却在一旁冲爸爸低声说了一句："你可以随便骂人，凭什么我不能？"

听到儿子说出这样的话，刘力爸怒目而视："有种你再说一遍！"

……

孩子从发出一些简单的音节到可以流利地表达自己想说的话，都是由父母的语言启发开始的，所以说，要想让孩子懂文明、讲礼貌，父母自身就要先做到，为孩子营造一个良好的语言环境。

2013 年的一天，我把妞妞从幼儿园接回家后，觉得很累，就躺在沙发上不愿意动。妞妞看见，赶紧小跑过来给我捶腿。尽管她的小拳头没有力气，但是她的那份心意让我十分感动。

一会儿，妞妞又小跑着接了一杯水，双手托着走过来，说："妈妈，起来喝水。"她边说边把水杯送到我嘴边。我坐起来，接过来喝了一口，摸着她的头，满意地笑了。

妞妞看了看我，怯怯地说："妈妈，你还没有对我说'谢谢'呢！"

我愣了一下，没反应过来。

"我们老师说，被别人帮助，要说一声'谢谢'。"

"哦，谢谢，谢谢妞妞。"我反应过来，连忙道谢，还亲了她一下。

有人也许会说，家人间如果总是这么客气，显得多生分？我想说的是，亲子之间的语言氛围会对孩子的语言行为产生重要影响，父母对孩子使用文明用语其实是在给孩子起榜样作用，可以帮助孩子养成良好的文明用语习惯。

文明语言，不仅是一种语言表达形式，更体现了人与人之间的尊重。父母和孩子彼此间同样需要尊重，所以也要在恰当的时候使用文明用语。

守时：不能遵守时间约定的人是不值得信任的

　　人际交往中，守时既是孩子诚信的最基本体现，也是影响孩子人际交往的一个重要准则。在生活中，人们都喜欢和守时的人做朋友，孩子也不例外。作为父母，我们有责任，也有义务培养孩子成为守时的人。

　　这天，在浏览网页时，我读到这样一篇文章：

　　暑假，一所小学组织了一次国际小学生交流访学活动。中国小学生到日本访学，孩子们在各项学习和活动中都完美地展示了自己的才华，获得了一致的好评。但是，最后的友谊赛却留下了一个遗憾。
　　友谊赛定在当天下午3点整举行，日本的小学生都准时到达了现场，无一人迟到，反观中国的小学生，有不少人都迟到了。

　　虽然不能以点概全，但不得不说，在守时这方面，日本小学生确实做得比中国小学生好。
　　对于守时教育，我从来都没有放松对妞妞的要求。2016年暑假的一天，妞妞和同学约好去图书馆。妞妞开开心心地出了门，可是等下午回来时，她满脸的不高兴。原来，大家本来定好早上8点在公交车站集合，可是等了半个小时，亮亮才慢慢地走来。最让人生气的是，亮亮不仅没有任何的不好意思，还一脸淡定地说，来那么早干吗？听了妞妞的讲述，我告诉她，守时是一个人最基本的素质，不管别人如何，你自己都要做一个守时的人。

就目前的情况来看，生活中的确有很多不守时的人，明明定好了时间，总是拖拖拉拉。如果现在的孩子从小就不懂得守时，那么在这个讲究效率的时代，不仅会影响到学习，还会影响到未来的工作和生活。

一天，朋友带着女儿星星来我家做客，聊着聊着，就聊到了孩子守时的问题。朋友感叹一声："我家星星没有时间观念，这一点让我十分担心。每次出去玩之前我都跟她说好了 6 点要准时回家吃饭，她当时答应得好好的，但是没有一次是按时回来的……"

对于朋友的无奈，我深有感触。孩子小时候不守时，慢慢养成习惯后，结果就比较糟糕了。于是，我建议朋友给孩子买一块儿童手表，并告诉星星："上学时要注意时间，不要在路上玩耍停留。这块手表以后就是你的监督员，要每天都戴着它。"

朋友对我的话半信半疑，但回家还是照做了。一段时间后，她打电话告诉我说，自从给星星买了手表，她现在上学不迟到、放学也按时回家了。

孩子不守时，很重要的一个原因就是没有认识到守时的重要性。人们常说"一寸光阴一寸金"，时间和机会一样，稍纵即逝。因此，要让孩子养成遵守时间的观念，明白时间的重要，并懂得珍惜时间。

朋友小章跟我约好，星期六去人民广场旁边的大型超市购物逛逛。8 点整，我们从家里出发。她带着儿子，我带着女儿，走着去。两个孩子在前面玩玩闹闹，我们俩跟在孩子后面闲聊。

刚出小区没一会儿，小章的电话响了，原来她的上司让她查阅一些资料，快速传真过去。由于资料比较重要，必须立即就做。无奈之下，小章只好让我先带着两个孩子去人民广场等她，并说好，9点整在广场西边的第3个长椅会合。

10分钟后，我跟两个孩子到了人民广场。离9点还有半个小时，我便带着两个孩子在附近的公园里玩。时间过得飞快，20分钟过去了。小章的儿子对我说："阿姨，快9点了，我们回去等我妈吧。"

"你确定你妈9点能过来吗？"嘴上虽然这样说，但我还是带着他们往约定地点走，同时心里觉得小章因为工作，不太可能及时赶到。

"会的，我妈妈说到做到，我相信她。"

果不其然，就在我们走到约定地点时，我看见小章气喘吁吁地朝我们跑过来，她满头是汗，边喘气边笑着说："哦……太棒了……我总算没有迟到！"

"妈妈，你迟到了一分钟。"孩子抬起手腕，示意小章看他手上的电子手表。

"哦，天啊，我的确迟到了一分钟，对不起，对不起！"小章看了之后，赶忙给我们道歉。

在超市里，小章买了3个冰激凌分给我们3个，作为自己迟到一分钟的"赔偿"。看着手里的冰激凌，我心中感慨："小章真是一个守时的好妈妈，她的儿子受其影响，将来也一定会是一个守时的孩子。"

父母都希望自己的孩子有时间观念并遵守时间，可很少有人通过自己的身体力行给孩子树立榜样。无数事实证明，孩子的言行受父母的影响很深，因此，若要孩子守时，父母首先要做到守时，不论何时何事，都要说到做到。

守信：以身作则，给孩子树立榜样

　　守信是孩子的最基本品质，也是孩子立足社会的必备条件。智慧的父母会告诉孩子：答应别人的事情就一定要做到。

　　赵岩："孙子新，你不是说，今天一定会带着《西游记》吗？你已经借了两个多礼拜了，你到底看完了没？早知道你说话不算话，我就不借给你了。"

　　孙子新："赵岩，不好意思啊，我出门前还想着带它呢，结果还是给忘了。下星期一，下星期一我一定带来还你。"

　　赵岩："可是，我已经和罗倩约好，周六换她的《红楼梦》看了！"

　　孙子新："这样吧，你们约定在哪儿换？我给你送过去！"

　　赵岩："周六，学校旁边那个麦当劳。早上9点。"

　　孙子新："好，放心，我一定准时到！"

　　星期六早上，麦当劳。

　　罗倩："怎么到现在还没看到孙子新的人影？约好了9点的，他该不会又爽约了吧？"

　　赵岩："他经常说话不算话，我已经习惯了。"

　　罗倩："要不我们先进去吃点东西，不等他了。"

一个言而无信的人得不到别人的尊重，长大之后也不会有人愿意跟他合作。作为父母，在教育孩子时，千万不能忽略这一点。

我和丈夫打算带妞妞去朋友家做客，我们俩都收拾好准备出发了，妞妞却仍然坐在书桌前看书。

丈夫说："妞妞，带你去串门，别看了，回来再看吧！"

妞妞没有动，淡定地说："我不去了，你们去吧。"

"怎么了？"我疑惑地问道。

"我昨天答应了小莉要教她写作业，她一会儿会来咱们家。"

"你给她打个电话，改到明天不行吗？"丈夫说。

"不行，我们先约的，既然已经约好了，怎么可以反悔呢。"妞妞执着地说。

看到妞妞倔强的小脸，我很欣慰，试探地说："你打电话给小莉，和她解释一下，跟她道个歉，我想她是不会介意的。"

"不行，妈！我既然答应了她，就不能轻易改变，你不是也从小就教育我要信守诺言吗？"妞妞很坚定地说。

"哦，我知道了，你是一个守信用的孩子，妈妈为你感到骄傲。"我高兴地笑了。

孩子也有自己的思想，一旦他们和同学、朋友做了约定，就要支持他们，不要强迫孩子去跟你做事。既然孩子已经有了守时的意识，为何要去削弱它？

答应别人的事要做到，如果尽力而为后仍没有做到，就要诚恳地道歉，并说明原因。更重要的是，父母要教育孩子在答应别人之前认真考虑，如果自己没有能力做到，就不要轻易答应，即使是自己能力范围内的事情，也不应该轻易许诺，要认真考虑自己是不是的的确确有能力做到。

晚饭之后，我陪妞妞一起看书，在《意林》上发现一个非常有教育意义的故事。我让妞妞大声把这个故事读一遍，妞妞拿起书，抑扬顿挫地读了起来：

中国古代赵国，有位姓白的商人。白商人与儿子一起到吴国做生意，打算用布匹换大米。他来到吴国，找到跟他经常交易的李先生，对他说："我想用布匹换您的大米。"

"您的东西质量非常好，而现在吴国布匹的价格是每匹6两白银。"

"嗯，可以。那米的价格如何？我秋天时需要大米。"

"每石2两白银。"

"好吧。"

做完生意后，白商人带着儿子回到赵国，突然有人找上门，想要用高于李先生2倍的价格买他的布匹，可是白商人拒绝了："不好意思，那些布匹我已经卖掉了。"

这人走后，儿子不解地问道："爸爸，他出价更高，而且现在我们还没拿到钱，为什么不卖给他呢？"

"买卖需要诚信，既然我们已经答应了李先生，就要遵守约定。"

3天后，李先生如约取走了全部布匹。

到了秋季，米疯狂涨价。但李先生也遵守了当初的约定，用说好的价格如数将米卖给了白先生。李先生的儿子知道后，不乐意了，说："现在的米价比约定时涨了10倍不止，为什么还要按之前的价格卖给他们啊？"

听到这话，李先生回答道："对于商人而言，最重要的是什么？信用！不讲信用，就做不成生意。"

读完之后，我问妞妞："如果你是白商人，会怎么做？"

妞妞想了很久才说："按道理说人与人之间需要遵守信用，但是如果卖给出价更高的那个人，就能赚很多钱。做生意的目的不就是为了赚钱吗？"

很多人都会有妞妞这样的想法，当利益与守信产生矛盾时，会犹豫不定。于是，我语重心长地告诉妞妞："任何时候都不能被眼前的利益所动，要保持清醒的头脑，失去了信用，也就失去了继续交易的筹码。这样的人，也必定没有发展，走不多远。"

在我们身边，到处充满了诱惑，定力不强的人很容易被诱惑所吸引。这时候，怎么办？是坚守自己的诺言，还是失信于人？看了李先生和白商人的故事，相信父母都会认识到诚信教育对孩子未来人生发展的意义。

和蔼：待人接物不粗暴，要有亲和力

　　著名教育家斯宾塞曾说："一个人全部品德的基础就是礼仪修养，那些不良的举止和不礼貌不文明的行为，不但对孩子自身发展不利，而且也会严重危害孩子的品性。"孩子粗暴无礼，不仅影响成长，还说明教育缺失；父母一定要循循善诱，让孩子从小接人待物有礼。

　　一次，我带着妞妞去逛超市，临进超市时，一个 8 岁左右的男孩离我们两步远走前面。他掀开一边的透明门帘穿过超市大门。一般情况下，人们都会回头看看后面有没有人，或者多撑一下门帘等下一个人过来接手，没想到他头也不回地一甩，厚重的门帘扑面而来。我一手拉着妞妞，一手拎着包，猝不及防被门帘狠狠地拍在了脸上。男孩扭过头来看着我们咧嘴大笑。我顿时对他没有好印象。

　　孩子早晚都会长大，步入社会，在接人待物方面现在就没有礼貌，父母不加管束，将来长大了，人缘一定会很差。生活中，做事温和有礼、待人谦和、谈吐高雅的人往往有着更和谐的人际关系，也更容易得到他人的欣赏和喜爱，获得人生和事业的成功。

　　机缘巧合下，我认识了一个非常优秀的小男孩，他叫陈明。

　　陈明今年 14 岁，性格活泼开朗，聪明好学，成绩优异，是老师眼里的好学生，是同学眼里的好班长。最让父母和老师欣慰的是，不论是在学校还是在家里，都会无意间透露出绅士般的风度。比如说，陈明从来都不会乱发脾气，更不会对人指手划脚、大吼大叫，对任何事都可以做到处变不惊，对任何人都可以做到彬彬有礼，让人如沐春风。

我问陈明妈："你是怎么教育孩子的？像个小绅士一样。"

妈妈说，陈明尽管是独生子，但是家里没有人溺爱他，从小就教育他吃东西要懂得分享，家务活全家人一起做……

我听了她的话，我不由得对她竖起了大拇指。

有的父母抱怨说："我儿子简直是个混世魔王，小时候爷爷奶奶太娇惯他了，以至于他现在任性无理，行为粗鲁。尤其是情绪不好时，芝麻大点的小事就会引爆他的脾气，不是大声叫嚷，就是摔东西……"

有的父母说："我家孩子莽莽撞撞，没有个稳重的样子，不是磕这儿，就是碰那儿，在学校和其他小朋友一言不合就打架，还总跟老师顶嘴。"

这种"问题孩子"令父母、老师头疼。但是对孩子来说，他们的意识里根本没有接人待物要有礼貌这个概念存在的，身为父母，一定要从点滴做起，对他们进行循序渐进的引导。

一次，妞妞口渴了，冲我要水喝，我假装没听到。看我不理，她就来到我身边，说："妈妈，你没听到我要喝水吗？"

我说："听见了，你刚才在喊谁呀？"

妞妞笑着说："妈妈，我渴了，我想喝水。"

"这样说也不行。"

"那该怎么说呀？"妞妞不解地问。

"你应该这么说，'妈妈，我想喝水，请您帮我接一杯水，可以吗'。"

妞妞照着我说的复述了一遍，我才去给她接水。喝完水，妞妞把杯子一放，转身要走，我一把将她拽住说："你还欠妈妈一句话。"

妞妞撅起小嘴。我不理她，依然说："你还没和妈妈说'谢谢'呢！"

"谢谢！行了吧！"妞妞不耐烦地说道。

"可以了，去吧。"

孔子曾说过："不学礼，无以立。"我们也经常说，三岁看大，七岁看老。孩子小时候没有及时养成好习惯、好品行，等长大了再纠正就很难改变了。而且，从小培养孩子讲文明懂礼貌的好习惯，和尊重孩子天真无邪的个性并不冲突，越是懂文明讲礼貌的孩子，越能拥有自由发展的空间。

尊重：尊重是互相的，尊重他人才能获得他人的尊重

现实中，很多孩子都是独生子女，事事以自我为中心，根本不懂得尊重别人，往往是自己想说什么就说什么，这样只会影响孩子的人际交往。因此，父母一定要让孩子懂得"尊重他人"这四个字。

一次，我去朋友家串门，碰巧看见朋友和儿子正与孩子的姥姥视频聊天。

老太太去看望住在美国的大儿子，看到刚上小学的孙子成绩非常优秀，十分欢喜。老人说："你侄子真有才，那画儿画得真不错。"

孩子听姥姥不住口地夸弟弟，就说："你一直夸我弟弟画得好，拿来让我看看！"

老人把小孙子的画举到镜头前，孩子在这头轻蔑地笑了，说："切！这就叫画得好啊，这就叫有才啊？"

接着，老人又拿来一个手工制品，孩子又说："您这都什么眼光啊，我都无语了！"

朋友听到儿子和母亲的对话，哈哈大笑。或许朋友是把这件事情当作了孩子攀比心理造成的一个笑话，而坐在一旁的我却觉得这种行为很没有礼貌。为什么？因为孩子不懂得尊重他人的劳动成果。

尊重他人是一种难能可贵的品质。不管对方是否比自己能力强，画得是否

好，都要尊重对方的劳动成果，而不是上来就诋毁。当然，有的孩子知道自己的话或行为给别人造成伤害时，他们心里也会感到难受，也会反省。那些屡教不改的孩子，一定是父母的教育方式出了问题。因此，只有选择正确的教育方式，才更有助于孩子树立良好的品行。

教育孩子不是一件想当然的事情。父母在教育孩子时，要有足够的耐心、恒心和智慧，教导孩子换位思考，学会体谅别人的想法和感受，从而慢慢改掉自私、小气等毛病，成为懂得尊重他人、值得他人尊重的好孩子。

孔子曰："己所不欲，勿施于人！"这句话就是在表明，要学会换位思考，要经常站在别人的立场去思考，去体谅他人、理解他人、善待他人。

每个孩子的生活环境不同，不同年龄段，心理感受和心理反应自然也会不一样。不懂得站在别人的角度看待问题，也就无法替别人着想，更无法更好地理解他人。如此一来，不仅无法与他人建立起和谐的、彼此尊重的人际关系，甚至还会给别人带来不必要的伤害。

没有劳动就不可能有这个丰富美丽的世界，而且劳动的背后需要付出许多心血和汗水，所以每个人的劳动成果都理应受到尊重。从另一个角度来说，尊重别人的劳动成果，不仅是对劳动行为的尊重，同样也是对其人格的尊重。作为父母，一定要教育孩子珍惜每一件物品，适当让孩子参与劳动，因为只有让他们亲身体会到劳动的辛苦，才会真正尊重别人的劳动成果。

宽容：站在对方的角度想，才能宽容以待

法国作家雨果曾说："世界上最宽阔的是海洋，比海洋更宽阔的是天空，比天空更宽阔的是人的胸怀。"这与我国俗语——宰相肚里能撑船，可谓是异曲同工。对于孩子来说，宽广的胸怀会让其受用一生。

有一天妞妞放学回来，气哼哼地对我说："妈妈，李青青这次英语成绩又考了满分，我问她能不能教教我，她说不愿意。最让我生气的是，她竟然说'我干吗要帮你，把你教会了，你的成绩就变好了，会成为我的学习对手'。"

李青青是妞妞的同桌，小姑娘英语成绩确实不错。听完妞妞的抱怨后，我很震惊，一个 9 岁的孩子，居然能说出这样的话。后来，我无意中得知，李青青的妈妈平时就是这么说话的，她是有样学样罢了。

生活中，我不止一次地听人说，现在的孩子都很自私。可是，大家有没有想过，很多时候其实都是父母的'杰作'。孩子出生时就像是一张白纸，你在上面画什么，上面就会有什么，自私的父母无疑会培养出自私的孩子。有妈妈做榜样，李青青自然不会心胸开阔。

当孩子受了委屈，不教他们学会宽容，而是告诉他们"以牙还牙，谁欺负你你就打他"，实在不妥！作为父母，孩子的第一任老师，从小就应该教他们做一个大气、不斤斤计较、心胸开阔的人。

前年寒假，我带妞妞回姥姥家。一天中午，小侄子撅着嘴气冲冲地推开门。

我把他拉到怀里，问："谁欺负你了，这么不开心，看见姐姐来了也不高兴？"

小侄子不高兴地说："小强把我的铅笔盒弄坏了，这是我爸新给我买的，我以后都不想跟他玩了。"

小强是邻居家的孩子，两个孩子经常一起玩。我就对小侄子说："小强也不是故意的，你不是也曾把姐姐的玩偶摔坏过吗？你不是故意的，姐姐也没怪你。小强也不是故意要弄坏你的铅笔盒，咱们不跟他计较，好不好？拿来给姑姑看看，我看能不能给你修好。"

经过我的一番开导，小侄子终于转怒为喜，原谅了小强。

人们常说：人非圣贤，孰能无过。少不更事的孩子在成长过程中自然难免会犯些错误。这时候，父母必须保持着一颗宽容心，正确看待孩子成长过程中犯的错误，更要热心、细心、耐心地引导孩子认识犯错的原因，寻找改正方法。这样的教育，才可培养出宽容、体贴的孩子。

有这样一则寓言故事：

一头猪、一只绵羊和一头乳牛被关在同一个畜栏里。一天早上，牧人进来捉猪，猪大声地号叫着，猛烈地反抗。绵羊和乳牛很讨厌猪的号叫，便一起责备猪："你吵什么呀，他常常捉我们，我们并不大呼小叫。"猪听了回答道："他捉你们和捉我完全是两回事。他捉你们，只是要你们的毛和乳汁，但是捉我却是要我的命呢！"

这个寓言非常形象地说明了一个道理：如果要理解别人，就要做到换位思考。因此，当孩子之间产生矛盾时，要让孩子站在对方的角度先问问自己："如果我是他，会怎么想、怎么做呢？""现在应该为他做点什么，才能让他感觉好受一些呢？"

让孩子学会换位思考，也是培养其宽容品格的好方法。一定要告诉孩子：不要只想着自己，适当从对方的角度出发，才能明白对方的感受、理解对方的行为。只有懂得换位思考，将来步入社会之后，面对同事间、朋友间的分歧，才不至于较真，从而失去彼此之间的友谊。

诚实：孩子的内心很单纯，总是有样学样

优秀的孩子，令人敬佩的往往不是成绩，而是人品。诚实就是人品优良的一个重要表现。所以，教育孩子成为一个诚实的人对人生有益无害。也许，诚实不曾给你什么回报，但是不诚实则会让你的人生充满陷阱。

为了让孩子诚实，他们小时候，很多父母都会给他们讲"狼来了"的故事，并且不断地告诉孩子：做人一定不能说谎，诚实的孩子才是好孩子。可是，很多父母却一次次抛弃了诚实。

在我们小区有个懂事听话的孩子叫盈盈，从小到大基本上没做过让妈妈生气的事。至于学习成绩，只要盈盈正常发挥，他们就会给她一些奖励，如果考得不及格的话，他们就会稍作批评。

上周五，盈盈拿着测试成绩单让妈妈签字，语文 95 分，数学 90 分。妈妈看到盈盈考得不错，非常高兴，大大奖励了她一次。

周末，盈盈妈和朋友逛街，碰巧遇到了盈盈的班主任。聊天时，老师无意中提到盈盈的成绩，她这才明白，盈盈拿回家的那张成绩单是假的。

盈盈妈气不打一处来，回到家就把盈盈狠狠训斥了一番。可是，盈盈不仅不认错，反而死犟，说："为什么你撒谎就可以，我撒谎就不行。上次，你为了不加班，就打电话给领导说自己身体不舒服，可是后来你转头就去逛街买衣服

了……"

盈盈妈更是火大，孩子竟然还把责任往自己头上推，于是打了盈盈一顿。

不可否认，盈盈之所以撒谎，根本原因还在妈妈身上，她只是模仿了妈妈的行为而已。孩子的模仿能力很强，父母平时在孩子面前常常撒谎，孩子就会在潜移默化中学会撒谎。

一天，妞妞在客厅玩遥控汽车，因为操控失误，遥控汽车撞上了书架，书架上的瓷瓶被震到了地板上，掉了一角。妞妞意识到自己闯了祸，慌忙用502把那一角粘了起来，悄悄放回了原位。

第二天我收拾书架时发现瓷瓶的摆放和平时不一样，拿起来一看，有被胶水粘过的痕迹，我就问妞妞："是不是你？"妞妞小眼珠子一转，连忙说："是小白，昨天它跳到书架上，把瓷瓶碰倒了。"

她说的小白是我家养的一只猫，可我很清楚，妞妞在撒谎。小猫的窝在阳台上，阳台门一般都关着，它进不来。可是，我并没有生气，而是淡定地说："大概是我疏忽了，没有关好门。"

我给妞妞留了一张便条，让她晚上吃完饭到书房去。妞妞忐忑地推门进来，我从抽屉里拿出一根棒棒糖递给她："这根棒棒糖奖给你，因为你运用自己的想象力编撰出一只会开门的猫，你以后大概可以当一个侦探小说家。"

接着，我又给了妞妞一根棒棒糖："这根棒棒糖奖给你，因为你有优秀的修复能力，尽管用的是502，但裂缝黏合得很好。"

紧接着，我又拿起第三根棒棒糖，说："最后一根棒棒糖，代表妈妈对你深深的歉意，我不应该把瓷瓶放在那么容易被碰到的地方。"

"妈妈，我……"妞妞脸红地低下了头。从此以后，妞妞再也没有撒过一次谎。

我们经常听到有些父母说:"我的孩子喜欢撒谎。""我的孩子非常调皮。""我的孩子极其不听话。""我的孩子太叛逆了。"……似乎孩子从出生就是一个"问题孩子"。其实,孩子犯错后,如果作为家长的我们能够先从自己身上找原因,久而久之,孩子也会效仿并及时改正,"问题孩子"才能慢慢消失不见。

周鑫和儿子的关系原本一直很融洽,可现在儿子却处处防着她,不管周鑫说什么,儿子都会怀疑。

周三早上,周鑫送儿子上学,在路上看见了一个卖风筝的,儿子便闹着要买,并让周鑫星期天带他去放风筝。周鑫因为急着去上班,便顺口答应了孩子的要求:"你如果在学校乖乖的,妈妈下班就给你买。"

周鑫下班接孩子,儿子看见妈妈空着手,非常失望,眼眶红红的:"我为了放风筝,在学校积极表现,老师表扬了我两次,可是你为什么没给我买风筝啊?"周鑫不耐烦地说:"星期天再说,我先送你回家,我晚上还有一个应酬呢。"

通过这件事不难发现,儿子之所以不信任周鑫,就是因为周鑫欺骗了他。父母对孩子撒谎,自然就容易失去孩子的信任,更容易让孩子也变得爱说谎话。

孩子的世界非常单纯,单纯到容不下一丁点儿欺骗。举个例子:如果你让孩子做一件事,并答应孩子只要完成就有奖励。孩子顺利完成了,却没有得到你的奖励,只得到你的责备,那孩子日后还会相信你吗?父母就是孩子小世界里面的天,你说什么,他便信什么。父母欺骗孩子,无异于在教孩子说谎。因此,为人父母,不论在怎样的情况下,都不能对孩子说谎,失信于他。

4

性格教育——具备好性格，孩子才能跟身边的人和睦共处

Meiyou Jiaobuhao de Haizi Zhiyou Buhuijiao de Fumu
Gaibian Jiaoyang Fangshi Xionghaizi B'an Guaihaizi

优秀的孩子，性格普遍较好；

性格不好，不仅会影响成绩的提高，还会影响人际交往，

如果想让孩子的成长之路少一些波折，就要让孩子具备好性格。

活泼：开朗、快乐的孩子人见人爱

一般说来，活泼的人不仅心理健康，而且婚姻生活较为幸福，事业上也较易获得成功。同样，对于孩子来说，活泼开朗不仅有利于孩子人际交往，还是孩子心理健康的重要标志。

男孩鹏鹏性格非常孤僻，不仅从来不会主动与别人交朋友，还不喜欢与同学一起玩。为了让儿子能够不再孤僻，鹏鹏妈决定邀请其他小朋友来家做客。

这天，鹏鹏妈邀请了同事母女来家里玩。前一天晚上，鹏鹏妈便提前告知了儿子说："你还记得妈妈的同事王阿姨吗？明天王阿姨会带着她的女儿来咱们家。她比你小一岁，你可以和她聊聊天吗？"

"聊什么？"儿子面露难色。

"你们可以聊聊喜欢的动画片啊，喜欢的游戏啊，喜欢的电影……"鹏鹏妈引导儿子。

"可是我跟她不熟！"儿子在找理由。

"聊一聊就熟了。哪有一见面就熟的？都是接触之后，才慢慢熟悉起来的。"

"那好吧！"费了很多口舌，终于说服了儿子。

当天 11 点左右，同事带着女儿如约而至。鹏鹏妈鼓励儿子去开门，没想到，一看到女孩，小家伙的脸就红了，非常小声地向客人问好。

看到这个情景，鹏鹏妈隆重地介绍了一下今天的小主人："我儿子鹏鹏，是不是长得很酷？今天两位客人将由他来招待。"大家都被鹏鹏妈的话逗乐了，儿子虽然有点不好意思，但似乎放松了很多。

饭后，鹏鹏妈与同事坐在一起聊天，让儿子和女孩在一边玩耍。女孩很热情而且非常善谈，儿子被带着说了很多话。

送走客人后，鹏鹏妈拉着儿子的手，说："你知道吗？王阿姨一直夸你是个有礼貌会照顾人的好孩子，说以后还要来咱家做客。下次她们再来，依旧由你招待他们，好吗？"

"好的。"在妈妈的鼓励下，鹏鹏爽快地答应了。

从此以后，鹏鹏像变了一个人，有客人来家里或者是父母带他去别人家做客，他都不会像以前那么排斥了，现在的他不仅变得爱说爱笑，在学校也爱参加集体活动了。

观察一下自己的孩子，如果发现他也是性格孤僻不爱说话，完全可以借鉴一下鹏鹏妈这招，让孩子多接触活泼开朗的同龄人。当他体验到人际互动的乐趣时，也会变得活泼开朗起来。

在儿子3岁时，小李将他送到了幼儿园。可是，每次她都不愿意离开。一次，为了看看儿子在自己离开后是什么样子，小李便悄悄躲在一边偷看。结果，她发现儿子独自待在一个角落里，小伙伴过来邀请他参加活动，他也不理睬。

小李知道儿子平时很害羞，只是没有想到如今却因为害羞变得有点孤僻了。为了帮助儿子改变现状，小李着实费了不少功夫，首先是在家里鼓励孩子多说话。

儿子从小就喜欢听故事，也喜欢自己讲故事，可是从来不敢高声讲，每次都是自己讲给自己听。只要爸妈一走近，他便会满脸通红，立刻停止；爸妈一走，他又开始投入到故事中。

小李觉得儿子很有讲故事的天分，于是便抱着儿子给他讲了一个"害羞的小王子"的故事：从前在 M 星球有一个小王子，唱歌非常好听，可是他很怕羞，从来不敢当大家的面唱歌，在朋友的鼓励下，他尝试着唱给朋友听，慢慢地又尝试着唱给大家听，结果人们都非常喜欢，从此他就不害羞了。

故事讲完了，在小李的鼓励下，儿子怯怯地背了一首儿歌。小李表扬了他，儿子笑了。一次，班里举行讲故事大赛，小李鼓励儿子参加。儿子虽然能够当着爸爸妈妈的面讲故事了，但是当着全班人的面还是有些胆怯。

小李握着儿子的手，说："像在家里一样，别怕，你可以的！"终于，儿子在小李的鼓励下走向讲台。虽然讲得不太流畅，但想到这是儿子第一次上讲台，小李也颇感欣慰。

要想帮孩子克服害羞的心理，最重要的一点是给他们提供锻炼的机会，并不断地鼓励他们，帮助他们树立信心。当孩子害羞时，尤其是作为父母，你首先要觉得他可以，他是最棒的，只有这样，他才有可能在你的引导下，逐渐变得自信、活泼开朗起来。

安静：安静是治愈浮躁的良药

喜鹊叽叽喳喳叫个不停，从这棵树飞到那棵树，东找找，西看看，却往往一条虫子也找不到。的确如此，任何成功都不是在浮躁中取得的。同样，优秀的孩子势必是一个可以安静下来的孩子；只有让那颗浮躁的心安静下来，才会有所收获。

飞飞是我家邻居的儿子，性格活泼，每次遇到他，他都会对着我笑。并且他总是蹦蹦跳跳的，活泼得有时让人招架不住。而且他还是个急性子，遇点事就没有耐心。

一天，飞飞想用一张正方形的纸折出一只千纸鹤，可是折了3次都没成功。飞飞急了，立刻把那张纸撕了，扔得老远。妈妈看到了，对他说："别着急，慢慢来就好了。"飞飞气冲冲地说："折不好，不折了！"这件事失败了，他就转而做别的事，结果乱上加乱。妈妈感到很无奈，不知道如何是好。

浮躁，是很多孩子都存在的通病。刚开始做一件事，没坚持几分钟就放弃；手里做着一件事，心理却想着另外一件事……这些都是浮躁的表现。可是，任何事情的成功都需要静下心来，心不静，万事都无法完成；只有静下心来，才能激发出新的思想，提高做事效率，取得理想的成绩。

如果你的孩子也比较急躁，就告诉他：心急吃不了热豆腐；也可以给他讲些因为急躁而产生不良后果的事，引导他有意克制急躁情绪。

每天，我都会遇到一些父母跟我抱怨自己家的孩子性情急躁，而自己又是多么无可奈何，不知从何下手，似乎比孩子还要焦虑。

对于这种情况，我觉得，发现孩子急躁，首先是控制好父母自己的情绪，先让自己平静下来，然后才能搞清楚孩子急躁的原因。例如，当孩子强烈地想要一种东西时，要让他知道并不是他想要的东西都可以立刻得到；要向孩子说明，自己想要的东西也许需要等到恰当的时间才能得到。这样，孩子才会理解，任何事情都要按照一定的程序去做，静心等待。

子瑶是个急性子，想要什么，都会要求即刻得到，实现不了，她就会使用"哭闹大法"。

一天，子瑶在家里玩洋娃娃，不一会儿就没有新鲜劲了，突然又想看动画片《熊出没》。可是，所有的台都找了，没有一个频道在演。妈妈就耐心地告诉她："等到晚上5点钟左右少儿频道就会演了，先玩会儿其他玩具。"子瑶一听现在看不了，撅起了嘴，开始哭闹。

想到同学家有《熊出没》的DVD光盘，子瑶立即让妈妈去借。妈妈说："我不知道你们同学的电话！"子瑶不依，一个劲地缠着她。

妈妈用手指了指墙上的表，并告诉她："等指针指向'6'，我就到你们的微信群中帮你借DVD光盘。现在你必须保持安静，再哭闹，我就不帮你借了。"听到妈妈说狠话，子瑶才乖乖地坐在一边。

按照时间约定，妈妈帮子瑶借来了光盘。在以后的日子里，妈妈总会用这种"等一会儿"的方法，训练她的忍耐力。慢慢地，子瑶学会了耐心等待，性格也没有那么急躁了。

从小子旭就是一个急性子，比如妈妈给他冲牛奶，他等不到牛奶凉了，直接就抱着奶瓶喝，结果烫得直吐奶。随着孩子长大，这个毛病越来越严重。为了改变孩子急性子的毛病，妈妈尝试过不少方法，最后发现，正确引导才是最有效的。

一个周末，妈妈带着子旭去亲子园上手工课，老师让孩子们做一张生日贺卡，需要用各色蜡笔在卡纸相应的位置涂上美丽的颜色。子旭之前没有用过蜡笔，在老师讲时，他没有用心听，注意力都在蜡笔上，一直跃跃欲试。讲解完后，老师让小朋友自己涂，子旭高兴地拿起蜡笔开始涂起来。但是，由于年龄太小，总把蜡笔涂出线。没多长时间，子旭就开始闹情绪了——把蜡笔往桌子上一放，卡纸也被他揉成了团。

面对子旭的无理取闹，妈妈深呼吸，暗示自己不能着急，要耐心地哄他。妈妈手把手地教他怎样涂不会涂出线，怎样使用蜡笔，如何画画。渐渐地，子旭掌握了蜡笔的使用方法，下课之前终于完成了一张贺卡。

后来，当子旭无理取闹时，妈妈都保持淡定，引导儿子该怎么做。慢慢地，子旭发脾气的次数逐渐减少，也变得越来越有耐心了。

有一天，妈妈下班回家，发现儿子在画画，可是树干怎么都画不像。子旭拿着橡皮擦了又擦，改了又改，修改了三四次，才满意地继续画。看着儿子的样子，妈妈知道，他已经能安静下来做事了。

有些事，父母觉得非常简单，可对孩子来说未必如此，所以当孩子做不好某件事时，或者因学习、生活的不顺而变得急躁时，父母要站在孩子的角度想一想，孩子正在做的事是否超出了目前他的能力范围？如果的确超出了孩子的能力范围，父母就要正确引导孩子，给孩子提供及时的帮助。

专注：只有专注才能走得更远

"书痴者文必工，艺痴者技必良。"任何成功都离不开专注力的保驾护航。对于孩子来说，亦是如此。专注力是孩子提高学习效果的关键，对其之后的人生影响也十分重大。

明明正在上小学二年级，性格开朗，喜欢上学，喜欢与同学相处。可是，他有一个严重的问题，就是上课很难进入学习状态。老师说有时需要三五分钟，有时需要十几分钟。所幸老师一般都是在上课 15 分钟～20 分钟时才讲重点，所以明明的成绩自然也不会太差。要是遇到喜欢的课程，明明还能够快点进入学习状态。当然，要是不喜欢的课程，他可能一直到下课都没办法进入学习状态。

班主任老师很欣赏他，觉得明明有潜力，便给明明家打了几次电话。当老师说到明明注意力不集中时，还没等老师把后面的话说完，明明爸就生气了，还没挂电话就开始教训儿子，甚至还说儿子不争气。

明明感觉很委屈。慢慢地，开始变得沉默，脸上的笑容也没有了。上课时，注意力更加不集中，铃声响了也不愿进教室，厌学情绪越来越明显。

只要一说起孩子的专注力，有些父母就会说："别跟我提孩子的专注力，一提我就头疼。该说的我都和孩子说了，可是他就是听不进。有什么办法？有时说他，他还跟我顶嘴。"这样的现象在我们身边屡见不鲜。难道孩子的专注力无法培养吗？

问题之所以成为问题，就是因为它没有得到解决。事实上，有时候并不在于问题本身，而是父母的理解出现了问题。如果父母理解不准确，自然无法找到正确的解决办法。所以，用客观、科学的眼光来看待孩子缺乏专注力这件事，也许就会发现到底是因为孩子身体缺乏营养，还是不良习惯造成他无法专注于做某件事。

鹏飞是个慢性子的孩子，不管做什么事，都不着急。写作业时，鹏飞经常写着写着就出神、发呆，笔尖指在作业本上，思绪却不知道飘去哪了；要不就是一直咬笔头。做其他的事情也是如此，总是能拖就拖，毫无紧迫感。

为了改变鹏飞这个毛病，不管他做什么事情，妈妈都会像个闹钟一样，时刻催着他。写作业的时候，妈妈会盯梢似的关注鹏飞，不停地念叨："你必须在一个小时内完成，时间到了我会再过来，要是到时你没有做完，就不要吃晚饭了！"结果呢？作业是准时完成了，可是错误率极高，字迹也潦草。

后来，连妈妈给他安排的家务活也干得不细心了。妈妈以为，这是儿子的默默反抗，便严厉地批评了他，这里做得不好，那里做得不对。鹏飞急了，委屈地冲妈妈喊："你既要求我提高速度，又要让我做好，还总是盯着我，刚进入状态你就催，总集中不了注意力。你到底想要我怎么样！"

不停地打扰孩子，孩子自然就会做事不细心、拖拖拉拉；甚至还会给孩子造成一种压迫感。对于年龄小的他们来说，手脑协调能力还不够好，即使他们想要快一些，但是手上就是快不了。当他们一边想着"要快"，一边又不停做事时，注意力就被干扰了，到头来可能什么都做不好。

不断地催孩子，只会让孩子陷入紧张气氛，最好给孩子提供一个安静的环境，让他在安静的环境中专心做事，这样他的注意力才会集中在一件事上，专注力才会保持得更久。

2015 年夏天，我乘火车去外地，在火车上，看到这样一幕：

一个 2 岁左右的孩子不停地将手中的盒装牛奶往地上扔，年轻妈妈捡起来给他，他又扔，持续了很久。周围的人都感觉很心烦，年轻妈妈觉得这样影响别人也不太好，准备斥责孩子。

这时，中铺一个大约 8 岁的小男孩，伸出头对年轻妈妈说："阿姨，他想学猴子，像砸坚果一样把瓶盖砸开。"年轻妈妈受到启发，便捡起瓶子转头问孩子："宝宝，你是想把瓶盖打开？"孩子说："嗯。"年轻妈妈释然，释然中带着诧异与好奇。

相对于成年人，8 岁的大孩子看起来更容易理解 2 岁左右孩子的想法。试想，如果没有这个 8 岁孩子的提醒，2 岁多的孩子很可能就继续砸下去，也许会被妈妈制止，但他下次还会这样做，直到他认为这个方法确实不能帮他打开瓶盖为止。

一天，4 岁的妞妞在家玩多米诺骨牌。她不停地把卡片摆好，但只要手一抖，就会不小心碰坏之前的成果。可是，妞妞依旧继续摆，所有的过程看上去缓慢而有节奏。

出于好奇，我就在旁边观察她但不打扰她，结果她足足摆了七八遍才摆好。看着这些卡片像一条龙一样连锁反应，妞妞脸上不自觉地露出了微笑，她茫然地环顾四周，感觉像刚从梦中醒来。

妞妞的表现充分说明，当一个人在专注认真地反复做一件事时，不会留意到外界的情况。事情做成之后，就会感觉完成了了不得的任务，充满了愉悦与满足。

一般来说，四五岁的孩子注意力还不够持久，总是不断地从一件事转换到另一件事。可是，一旦碰到他感兴趣的事物，便会忘我地投身其中，专注力十分惊人。这种情况下，千万不要去干扰孩子，让他们多经历这样的体验，更有助于他们专注度的提升。

勤劳：从小事起，锻炼孩子做个勤劳的人

所谓天才，只不过是百分之一的灵感加上百分之九十九的汗水。任何成功都不是凭空得来的，都是经过自己的辛勤劳动，用汗水换来的。所以，要让孩子明白，要想取得成功，就要勤劳、努力，不能懒惰。

安心是妈妈的第 4 个孩子，前 3 个都流产了，所以安心的到来倍受全家人的呵护。从小到大，没做过一点家务活儿，衣来伸手饭来张口，吃橘子都是妈妈给剥好。时间长了，安心就养成了任性、霸道、娇气的毛病。

刚开始家人都不认为有什么不妥，但是安心上了小学后，从来都不参加班里的劳动，不是指挥对方做，就是自己跑掉、留下别人做。当老师问她为什么时，她还很有理："老师，我不会干。"老师无奈，只好给安心妈打电话。了解到情况后，安心妈才意识到孩子被他们惯坏了。

放学回家后，妈妈对安心说："宝贝，你已经长大了，在班里做值日是你的责任，不能逃避。"

"责任？妈，你不是说我的责任就是学习吗？我讨厌干活。"

有一次，安心跟着妈妈去参加婚宴。由于长得非常漂亮，像个洋娃娃一样，安心吸引了一桌人的注意力。但是吃饭时，安心自己却根本不动手夹菜，总是等妈妈帮她夹到碗里。想吃虾，安心就张嘴等着妈妈剥好喂。大家看了，面面

相觑，无奈地摇头。

在我们身边有不少像安心一样的孩子：吃饭懒得动手，等着大人喂；地板弄脏了，懒得打扫，等着妈妈收拾；睡觉前懒得铺床，等着妈妈来铺；作业懒得动脑，等着抄别人的……有些孩子甚至还"懒"出了新境界：不洗脸、不刷牙、不做家务、不想走路……

要想培养一个勤奋的孩子，从小就鼓励他们自己多动手、动脑，多思考，多实践。因为孩子长大后，有些事是父母和别人帮不了的，只能靠他们自己才能完成。

我一直觉得自己是一个不会疼孩子的妈妈，从妞妞懂事开始，我总是让她帮我们做一些她力所能及的事。做饭的时候，我会说："妞妞，想吃鱼香肉丝吗？想的话，过来给妈妈打下手，你负责洗菜，我负责炒，好不好？"收拾家务的时候，我会告诉她："妞妞，妈妈擦高处，你擦低处；妈妈扫地，你拿簸箕来收。"

没人生下来就是懒惰的，孩子的懒惰多半是家庭环境造成的——父母将任何事情都替孩子做了，孩子自然勤快不起来。尤其是三代同堂的家庭，爷爷奶奶、外公外婆都退休了，有了他们的特殊照顾，孩子什么都不用做，不懒才怪！

在日常生活中，经常可以看到这样的情景：孩子看到妈妈洗衣服，要求帮妈妈一起洗。妈妈说："你还太小，洗不干净。"有的孩子看到爸爸在修理灯泡或是电器，也想尝试一下，爸爸会说："这是我的活儿，你干不了，电着你怎么办，作业做完了吗？"

父母不让孩子帮忙干活，他们会认为这是父母不信任自己。同时，父母的行为也打击了孩子的劳动积极性，是对孩子劳动潜意识的扼杀。因此，再遇到类似情况时，请不要再拒绝孩子，抓住机会引导孩子爱上劳动。

父母可以根据孩子的年龄，让他们从力所能及的事情入手，比如，让孩子学会穿衣服、系鞋带、洗手洗脸洗脚；学习洗手绢、叠被褥、扫地、擦桌子；等孩子再大一些，可以让孩子整理自己的图书，收拾自己弄乱的玩具等；等孩子上小学了，可以教孩子洗贴身衣物、收拾屋子、倒垃圾、钉纽扣、洗菜、洗碗等；同时，还要鼓励孩子积极参加学校组织的各项劳动。

现在的小学生基本上都是父母接送，可是洪波从小学开始就是自己上下学。开学时，李梅也送过几次，可是想到从家到学校不需要横穿马路，走路也就 10 分钟的路程，当儿子熟悉了路线后就不接送了。

有一天，洪波晚上看动画片没按时睡觉，第二天起晚了，说："妈，我要迟到了，开车送我一下吧。"李梅却说："今天单位有急事，需要早点去。我上班也快迟到了，来不及送你。"洪波没办法了，一路小跑去学校，最后因为迟到被罚扫地。为了以后能早起不迟到，洪波每天晚上一到 8 点半就准时躺到床上睡。

不仅如此，洪波写作业也完全不用李梅操心，能够自己独立完成。遇到需要检查的作业，李梅通常都会让儿子自己检查，她只负责最后的签字。如果洪波有哪个生词不明白，为了图省事过来问她，李梅也不会告诉他，而是让他去查字典。

因为李梅的种种"懒"，使得洪波养成了良好的学习和生活习惯：学习上，改掉了马虎、不爱检查的毛病；遇事也会多思考，并能自己独立解决，实在解决不了的才会寻求帮助；生活上样样都会一些，基本能自理，不用父母担心，完全不让人担心。

李梅的"懒"验证了一句话：父母该放手时就要学会放手，该"狠心"时就要学会"狠心"，该懒时就懒点，把操心、关注默默地放在心里。只有在发现孩子走偏时，可以适当地干涉一些；若在可控的范围内，就让孩子自己解决。只有这样，孩子才能练就一双坚强的翅膀，长大后才能飞得比别人更高、更远。

善良：教孩子善良是父母最大的远见

世界上最珍贵的东西是什么？是扬在脸上的自信和长在心底的善良。有时，善良比自信更加重要。善良的孩子，才会和身边的人少一些摩擦，才会成为最幸福的人；善良的孩子，人际关系会更和谐，会获得更多的帮助和机会。

我们单元楼门口的空地上有一个笼子，里面是一楼大姐养的一条金毛狗。有一次，我买菜回来，刚走到楼下，就听到狗的惨叫声，然后是一个孩子的笑声。我扭头一看，一个十来岁的小男孩正踩着那条可怜的金毛狗，小狗可怜巴巴的，嘴里发出痛苦的哀号。

我从来没有见过这个小男孩，猜想他可能是邻居家的亲戚。于是，我就走过去问他："小朋友，你是一楼大姐家的亲戚吗？"小男孩看了我一眼，没有回答。

我接着说："你看那只小狗太可怜了，快把它放了吧！"

"要你管！"小男孩不满意地"哼"了一句。

我还想继续说点什么，男孩突然抱着狗猛地冲到我面前，我吓了一大跳，向后退了两步。看到我害怕的样子，小男孩得意地笑了起来。

第二天我遇到一楼大姐，在和她闲聊的过程中我才知道，那个男孩是她哥家的孩子，她哥生病住院，嫂子陪床，孩子没人照顾，就把他送过来住一段时间。别看他小，语言与行为却非常粗暴，甚至还用手指着老人喊"老太婆"。邻居大姐也被气得没办法，打算过两天就送他回去。

善良是一种宝贵的品质，可是如今很多父母更多关注孩子的身体健康和智力发展，根本不在意孩子是否心地善良、关心他人。要知道，善良的种子需要在孩子很小时播种，经过精心培育，才能生根发芽，与孩子一同茁壮成长。

妞妞小时我就教育她要做一个善良的、有同情心的人，懂得为他人着想。

妞妞班里有个叫瑶瑶的女孩，先前患有小儿麻痹症，导致现在的残疾，走路时一瘸一拐。班里其他同学都嘲笑她，叫她"小瘸子"，有的甚至在后面学她走路。

有一阵子，妞妞每次放学回家都会很气愤地说："妈妈，他们真是太气人啦，一边学瑶瑶走路一边叫她小瘸子，还让我不要跟瑶瑶玩，加入他们！我才不呢，瑶瑶本来有点自卑，现在被他们嘲笑、欺负，心里肯定更难受，我怎么可能这时候不理她呢！"

我为妞妞的善良感到欣慰。后来，妞妞和瑶瑶成了很要好的朋友。有一次，一些同学商量着怎么捉弄瑶瑶，妞妞知道后，走到瑶瑶面前，大声说："谁要是欺负她，就是跟我过不去，要想打架，就冲我来！"说着，走到那个站在最前面的同学面前，举起了自己的拳头。他们看到妞妞愤怒的表情，就都跑开了。

站在别人立场、角度去考虑问题，才会理解别人的想法和感受，从而做出善良的举动。因此，如果想让自己的孩子善良一些，就请多鼓励他们站在对方的角度考虑问题。

一个周末，天气不错，我们一家三口到小区附近的公园散步，累了坐下来休息时，女儿开始吃自己带的果冻。这时，我注意到，在离我们不远的长排椅子上，坐着一个小女孩；身边没有大人，可能是有事暂时离开了。

女孩看到了我们，之后便将目光集中在妞妞身上，我知道，一定是果冻吸引了小女孩。于是，就对妞妞说："给这位小妹妹吃点果冻，好不好？"

"不好！"妞妞干脆地说，"我只有 3 个！"

我耐心地对她说："妞妞，要是妈妈今天有事，不在你身边，而这位小妹妹在吃果冻，你想不想要啊？""想！"妞妞毫不犹豫地点点头。

"这就对了，现在你把果冻给小妹妹吃，等到下次妈妈不在你身旁时，那位小妹妹也会把好吃的东西给你吃的。"女儿看看我，又看看那位小女孩，高兴地拿了一个果冻，给小女孩送过去。

爱是人类最美丽的语言，对孩子进行爱心教育，在他们幼小的心灵中播下善良的种子，就可以让孩子学会体贴别人、关心他人。有了这种爱心并不断地发展下去，孩子将来一定能成为一个善良的人。

灵活：突破思维定式，让孩子灵活应对

　　偏执的人总是缺乏灵活，他们经常对自己的能力估计过高，不能用平常的心态接受问题，解决问题。这样的人，在家里无法与亲人和睦相处，在外也不能和同事、朋友很好地交往。

　　杨阳今年 5 岁，是个非常固执的孩子，平时爱钻牛角尖。有一次，妈妈包了杨阳喜欢吃的羊肉馅饺子，刚煮好的饺子非常烫，杨阳怕烫，就让妈妈帮他。

　　为了让饺子凉得更快一些，妈妈用小勺子将饺子分成两半。杨阳看到后不高兴了，大声喊着："呀！谁让你把饺子分成两半的？分开我就不吃，我要整个的。"

　　妈妈解释："把饺子分开两半，会凉得快一些，这样你也可以更快地吃到饺子。"可是，杨阳依旧不依不饶地大喊大叫，并且威胁说不吃了。

　　妈妈说："你怎么这么不懂事？饺子分开了就不可能合在一起了。我给你换一个！"杨阳不听，还哭了起来，边哭边说："分成两半，我不喜欢……"闹了半个多小时，杨阳终于停了下来，但一个饺子都没吃。

　　生活中像杨阳这样的孩子有很多，让父母大伤脑筋。如果你的孩子表现出了偏激固执，一定要引导他们认识到自己的错误，从而做出正确的判断和选择，让孩子明事理、懂变通。

　　雯雯是个固执的孩子，有时候妈妈让她这样做，她偏要那样做，并且总要坚持自己的观点。每当这时候，妈妈都会耐心地教导她，让她明白自己究竟错在哪里。

　　去年冬天的一个下午，雯雯跟着妈妈出去买菜。外面刮着风，很冷，妈妈担心她感冒，就叮嘱她戴上帽子。雯雯同意了，可是却戴上了夏天的凉帽。

　　妈妈告诉她，这种帽子不是冬天戴的。雯雯不听，说："这个帽子很好看，我就要戴这个帽子！"

　　"你上次感冒打针时，疼不疼呀？"

　　"疼！"

　　"现在你戴夏天的帽子，很容易被冷风吹感冒，到时候还得打针、吃药。"

　　听妈妈这么一说，雯雯乖乖地换了冬天的厚帽子戴上。

　　在孩子死钻牛角尖时，强行纠正，很容易引起孩子的逆反心理，事与愿违。这时，改变教育方式，心平气和地因势利导，引用生活中的例子，要他充分认识到自己的想法或做法是错误的，并知道为此会引发的后果。这样一来，孩子才不会坚持己见、一意孤行。

　　值得注意的是，学会与孩子沟通，让孩子觉得你是他的朋友，是为他好，是真心实意在帮助他，他才会听得进你的话。一味利用父母的身份强制逼迫孩子，很容易引起孩子的不满。

　　固执的孩子往往会做出一些自己认为正确但其实却违背常理的事情，鉴于这种情况，父母要为孩子制订几条不可违背的规矩，并时刻督促孩子去执行。吉吉妈在这方面就非常有经验：

　　一天，妈妈带着吉吉去买象棋。等红绿灯时，黄灯亮着，绿灯还没亮，可是许多行人已经开始往前走了，吉吉便要拉着妈妈的手过马路。

　　妈妈立刻拽住了他，并问："吉吉，妈妈教你背的过马路口诀是什么？"吉吉很流利地说出了"红灯停，绿灯行，黄灯亮了等一等"。妈妈说："你看看，现在是什么灯？"

　　"黄灯。"吉吉乖乖地回答。

　　"既然这样，我们是不是就应该等绿灯亮了再往前走？"

　　吉吉疑惑地说："可是，很多人都已经开始往前走了，我们怕什么？"

　　妈妈告诉他："不遵守交通规则，在马路上斜穿猛跑，容易被来往车辆碰了撞了，所以等红绿灯是对生命的负责。"在妈妈的坚持下，吉吉乖乖等到绿灯亮起才穿过马路。

　　吃过晚饭，吉吉跟妈妈下象棋。一不留神，他的将被妈妈的车吃了。吉吉拿起自己之前走的一步棋撒娇道："我没看到，我不走这儿了。"

　　妈妈不同意："不行，落子无悔。"吉吉见撒娇耍赖都没有用，只好认输。

　　相信大多数父母遇到这些情况时，都会向孩子妥协，尤其是允许孩子悔棋这种行为，一旦养成了习惯，长大后，他们很有可能会成为一个出尔反尔的人。因此，任何事情都事先给孩子定好规矩，目的是就为了给孩子的美好将来奠定基础。

关怀：关爱父母是孩子一生幸福的开始

关心他人是社会对孩子最基本的要求，没人喜欢跟冷漠自私的人打交道。这样的人，在以后的人生道路上，也无法得到他人的关心和爱护。因此，作为父母，一定要让孩子远离冷漠自私，学会关心、关爱他人。

我认识一个单亲妈妈，为了不让女儿受委屈，她愣是一个人拉扯孩子。

这天，得知她生病在家休息，我买了点水果去看她。可是，一看到我，她便开始大吐苦水："我闺女都 9 岁了，但一点儿都不懂事，一点儿都不体贴我。昨天半夜，我难受得厉害，让她帮我倒杯水，叫了五六声也不见她动，后来才心不甘情不愿地给我倒了水，还嘟囔着嫌我打扰了她休息。"

我知道她平时对女儿很关心，对孩子的各方面都照顾得细致入微。妈妈生了病，女儿却不闻不问，她自然会感到难过，我能理解，但又感觉哪里出了问题。"平时，你们关系不好吗？"我问道。

"也不是。可能平时我太惯着她了。比如我带她去超市，回来时我两只手都拎着东西，她却两手空空。我不让她帮忙，她反倒还说我像只蜗牛，走得慢死了。吃饭的时候，她总把自己爱吃的菜放在她跟前，不管别人。有时候我忙得连吃饭都顾不上，她也从来不懂得主动关心我一下，甚至还不停地给我找事……即使这样，我也从来没有说过她，可能她根本就不知道我也需要关怀。"

孩子不懂关心他人，冷漠、自私，只关心自己，到底是谁的错？父母都想自己的孩子成长为一个有责任感、受人尊重的人，可平时却不给他们机会学着关心他人，培养这方面的品质，因此又有什么理由反过来指责他们呢？

有一次，我和姐姐同时吃坏了东西。下午去上学之前姐姐就说不舒服，我简单摸了摸她的头，没发烧，就没太在意，让孩子上学去了。下午三点多，我的肚子开始疼起来，翻出药箱，吃了两粒氟哌酸，不见效，反而愈发疼得厉害。我赶紧到小区附近的门诊打了一针，疼痛才稍微缓解。

姐姐放学回来，我看她脸色不对，赶紧带她去医院。到了医院，医生说内热积得太久，有点发烧，需要输液。姐姐躺在床上，我坐在床头看着她，忽然想借这个机会教她学会关心和照顾他人。

"姐姐，以往你生病时都是妈妈照顾你，但是今天咱俩都吃坏了肚子，现在我也很难受，爸爸回来之前，咱俩只能互相照顾了。"

姐姐听了，赶紧向床那边挪了一下，说："妈，坐着不舒服，您也躺会儿吧！"

姐姐输完液后我们就回家了。进屋之后，姐姐看我脸色不好，说："妈，您去躺会儿吧。"同时还帮我把被子扯开，帮我盖上。接着，她像我照顾她一样照顾着我。"妈，渴不渴？""妈，喝水吗？""妈，稍微好些了吗？……"

老公回来之后，看姐姐忙前忙后的，欣慰地说："姐姐真懂事，知道照顾妈妈了。"

孩子体贴他人是从生活的细微小事件中不断锻炼、培养起来的，千万不要总把孩子当弱者，认为他们什么都不会做。相反，给孩子机会，让他们适当地照顾父母，既能让他们体会到父母的爱，也能让他们学会照顾他人。

在家时，尽量让孩子参与家庭活动，比如需要他们帮忙时，就直接跟他们说；碰到机会，要鼓励他们主动提供帮助或者照顾生病的家人。出门在外时，碰到他人有难处，也要鼓励孩子适当给予帮助，像扶老人过马路等。

去年"十一"期间，我带着妞妞回了趟老家。有一天，我带她到邻居家去串门，妞妞跟几个孩子在院子里做游戏。开始时，几个孩子玩得非常高兴。眼看要做午饭吃饭了，邻居的儿子亮亮说："咱们换个游戏玩吧，这次谁输了谁就倒立。"

这时，一个比较娇小的小丫头站起来说："亮亮，我妈让我中午必须回家，而且现在我也饿了，等吃完饭咱们再玩吧！"

一向霸道的亮亮却说："在我家，你就必须听我的，我说什么就是什么。中午你不许回家，在我家吃饭就可以了。"

小姑娘感到很委屈："可是，我妈还在家里等我呢。"

亮亮二话不说就把她往门口推："行了，下次不要来我家了，连我的话都不听。"

小姑娘很生气，大声说："哼，以后我再也不跟你玩了。"

孩子的吵闹声引起了大人的注意。了解了事情的经过后，我对亮亮说："你应该理解她，你想啊，如果你妈在家等着你，你总也不回，你妈是不是会着急啊？"听了我的话，亮亮偏头想了想，点点头。

"唯我独尊"是年幼孩子的通病，要想改变现状，就要改变之前的教育方式，引导孩子学会关心他人，不但要告诉孩子应该怎么做，还要让孩子明白他的付出会给对方带来莫大的感动和帮助，以后自己遇到困难的时候，也会有更多的人主动关心你。

同情心：言传身教的同时给孩子创设爱心氛围

拥有同情心的人，胸怀往往更博大。作为父母，千万不要忽视培养孩子的同情心。只有具备了同情心，才能在一定程度上理解他人的需要和愿望，忧他人之忧，乐他人之乐。

一位妈妈给我打电话，说："也不知道现在的孩子怎么了，特别冷漠。"我问她怎么了，她便把事情的经过告诉了我：

昨天，她去接儿子放学，回来的路上，儿子说："今天在操场上玩游戏时，我们在墙角看到一只死鸟。老师说，小鸟是受伤了才死的。有些女同学看着死了的小鸟还哭了。"

"那你哭了没有？"她故意问儿子。

"没有！不就是一只鸟嘛，死就死了。"儿子不在意地说。

"你怎么没有一点同情心？小鸟多可怜呀！"她试图校正儿子的看法。可是，他根本听不进去，看见小区里的几个孩子，立马跑去跟他们玩了。

同情心是构成良好品德的要素之一，对孩子个性的健康发展，尤其是情感方面意义重大，是孩子建立良好人际关系的重要基础。对于这一点，父母一定要重视。

暑假里，周敏带着儿子回老家。这天，她带着儿子来到一座由碎石垒起的坟茔前。

周敏问儿子："你知道这里埋葬的是谁吗？"儿子摇摇头。

"一只老山羊。"

"妈妈，为什么要给一只羊建坟呢？"

周敏没有立刻回答，而是捡了些碎石块垒在旧坟上，又拔了一些青草覆盖上。做完这一切，母子俩找了个地方坐下来。周敏给儿子讲述了关于这只老山羊的故事：

这只黑山羊是母羊，非常通人性，和家里每个人都很亲近，每当我放学回来，它都跑到我身边蹭蹭我，像是欢迎我回来似的。那个时候，村里有些孩子出生后母乳不够喝，饿得哇哇叫，他们的家人就来咱们家找羊奶，山羊就成了'奶妈'，你说它是不是功臣？它死了之后，很多人都建议给它起个坟，要铭记它，哪怕是一只动物。"儿子点了点头，并窝进周敏的怀中。

如果孩子从小喜爱动物，父母可以借机把照顾小动物的任务交给他，让他在饲养过程中对小动物的饮食、健康等状况加以关注。时间长了，孩子就会在照料它们的过程中逐渐产生同情心。

妞妞4岁时，有一次我带她去姥姥家。收拾我屋里的旧物时，妞妞发现了一个我儿时的玩偶兔。因为年头久远，布偶兔已经破旧不堪。妞妞却像淘到了宝贝，爱不释手。

妞妞举着它给我看："妈妈，这兔子怎么少一只眼睛啊？毛也脏了。"我这才注意到，布偶兔缺了一只眼睛。看着妞妞那略带悲伤的小脸，我告诉她："这个布偶兔以前被邻居家的狗给咬坏了，时间已经挺长了。平时没人玩，放在一边，也就忘了。"

妞妞心疼地说："那小兔子该多疼呀！"

"既然你这么心疼它，那我们一起给它安只眼睛，好吗？"

妞妞听后高兴极了。我翻出一枚合适的扣子，又找来针线，跟妞妞一起给布偶兔缝上，作为它的眼睛。

孩子富于想象，认为周围的东西都是有生命的，如果它们受伤，自然会生出同情，比如，玩具熊掉在地上，孩子会一边揉一边对它说："摔疼了吗？我帮你揉一揉。"但是，不同的孩子，同情心也是有差异的。一般来说，孩子年龄越小，认知能力和道德观念越薄弱，因此，对孩子的同情心教育越早越容易培养友善意识。

心态教育——优秀孩子具备良好心态的 8 个关键词

心态决定一切！

孩子心态不好，不仅不利于成绩的提高，还不利于好习惯的养成。

事实证明：只有心态好的孩子，才能收获美好的人生。

自信：孩子没有今天的自信，就不可能有明天的成功

古希腊哲学家苏格拉底曾这样说过："一个人是否能取得成就，只看其是否具有自尊心和自信心。"自信心对孩子将来的成功起着举足轻重的作用，可谓是"谁拥有了自信，谁就成功了一半"。

我们楼上住着祖孙3个，外公、外婆和外孙女。女孩的父母都在外地工作，她和妞妞岁数差不多，而且每个星期都要下来和妞妞一起玩、一起学习，一来二去也就熟了。

这天晚上，老人带着外孙女来我家串门。老人说："真是羡慕你家妞妞，不仅聪明伶俐，而且还好学。再看看我家这个，除了玩，学习一窍不通。"言谈中，老人告诉我，女孩的数学成绩一直不好，她也不太懂。有一次祖孙俩足足耗了半个小时才弄明白一道数学题怎么做……

我建议她给孩子找个家庭老师辅导一下。老人则说："其实，题目倒不难，她也会做，就是她总觉得自己做的是错的。她要是能自信一点儿，成绩没准就能上去了。"

我问老人，孩子比较擅长哪方面，可以试着从她擅长的方面来培养她的自信。老人想了想，说她字写得很漂亮。后来，为了让孩子练字，老人给她买了几本字帖，每天写完作业后练习几页……通过一个多月的练习，她的字写得比

同龄小朋友都要好看。老人表扬了外孙女，夸她聪明。慢慢地，孩子自信多了，学习成绩也渐渐有了提升。

有位学者说，自信是能力的催化剂，信心能把人的一切潜能调动起来，并把身体各个部分的机能调整到最佳状态。自信的作用由此可见一斑。不自信的孩子，永远跟着他人的思路走，不会有自己的想法，只有充满自信，才有可能成功。

这两天，妞妞心事重重的。我问她为什么，刚开始她还不告诉我，后来在我的追问下，她说："学校组织画画比赛，每班选3名学生参加，我被选中了，但我不想去。"

我问她："你为什么不想去？可以告诉我原因吗？"

"我怕比赛拿不了好名次，回来被人笑话。"

"你想得太多了，输赢无所谓，重在参与，我相信你，比赛的时候，你只要正常发挥就行。"

我看妞妞还是有点信心不足，于是拍了拍她的肩膀，说："我相信我闺女有这个实力！"

在我的开导和鼓励下，妞妞终于打消了心中顾虑，积极为比赛做准备，而且最终取得了年级二等奖的优异成绩。

美国哲学家爱默生说："人的一生正如他一天中所想的那样，你怎么想，怎么期待，就有怎样的人生。"对于孩子来说同样如此，只有相信自己是最棒的，才能成为最棒的！当孩子退缩不前时，一定要告诉孩子："你能行！"

在我们小区，有个女孩叫悠悠，学习成绩不错，其他各方面也很优秀，高考考上了重点大学。美中不足的是，她右半边脸上有块胎记，而且很明显，尽管如此，她还是每天面带笑容，爱说爱笑，遇见长辈、朋友也积极主动上前打招呼。

去年暑假的一天，我见她在小区阴凉的长椅上看书，便走过去问她："悠悠，阿姨想问一下，脸上的胎记没给你造成心理阴影？"

悠悠自信地告诉我："有点胎记不是很好吗？别人想要还没有呢！在我很小时爸爸就告诉我，妈妈怀我时，他就向上苍祈祷，希望获得一个有特殊才能、与众不同的孩子。为了满足他的愿望，我出生那天，天使就亲了一下我的左脸，然后把我送给了父母。这块胎记是我的幸运标记。别人第一次见到我的脸，都会流露出惊讶的表情，我把它解读为羡慕……从小到大我一直都非常努力，因为我不想辜负上帝对我的眷顾。"

听了悠悠的话，我突然非常敬佩她的父亲！

悠悠是幸运的，因为她拥有一位独特、智慧的父亲，他智慧地运用心理暗示，成功地让女儿忽视了缺陷，变成一个自信、优秀的孩子。

如果想提高孩子的自信心，就要不断地予以肯定，即使是一个微小的进步，也要指出来，并积极的鼓励他们进行自我暗示："我能行！""只要我努力就一定会做得更好！""我不会被困难吓倒！"

自强：人生路，自己走，藏起一半对孩子的爱

只有具备坚强的内心，要求自己不断强大，才能取得好成绩，健康成长。自甘堕落的孩子，未来令人担忧！

网上的一篇文章被不少人转载：

玲玲家庭条件相当好，父母都是做生意的。可是，天有不测风云，2015年父亲跟人做生意赔了很多钱，欠了不少外债。生活一落千丈，玲玲承受不了现实的打击，开始堕落。她先是逃课，后来发展到跟社会上的人混，整天喝酒。上了初二，玲玲的学习实在跟不上，便辍学了。

这样一个青春年华的少女，被眼前的挫折打倒，多么令人惋惜！

现在的孩子大多是独生子女，被家人娇惯，在家里说一不二，想要什么就给买什么，花钱大手大脚。这样的孩子没有吃过苦、受过累，不知道赚钱的艰辛，也学不会自立自强，即便是将来长大了，也会被生活修理，遭遇更多的坎坷。

没有谁的一生是事事如意的，都会遇到这样那样的挫折、困难。面对困境，自强才是上策！父母唯有鼓励孩子自强、自立，他们才能通过自己的努力赢得精彩人生。

张昊各科成绩都很好，是班里的尖子生。可是他身型瘦弱，个子比同龄的孩子矮一头，体能也差，这让他的父母很是头疼。

张昊不喜欢体育课，爸爸妈妈就鼓励他，每天早晨陪他跑步，打乒乓球、羽毛球，晚上睡前练仰卧起坐、俯卧撑等。开始的时候，由于运动量大，每次运动后，张昊都会感到身体酸痛，爸妈看了也心疼，想让他放弃。可是，懂事的张昊知道这些锻炼对自己有好处，说："我一定坚持到底，决不放弃！"

后来，爸爸妈妈根据实际情况，为他制订了一个合理的锻炼目标。通过几个月的锻炼，张昊的体能不仅达到了标准，意志也得到了磨炼。

每个孩子的情况都不同，给孩子定目标也要切合实际。标准定得太高，怎么努力也达不到，孩子就会丧失信心。对于某些孩子来说，起初的目标可以内容少一点，标准低一点，每达到一个小的目标，就要及时鼓励他们，增加他们的自信心。

二年级上半学期期中考试，妞妞的成绩不理想，回到家后像个泄了气的皮球。她低着头，沮丧地站在那里。

看到她的样子，我说："爸爸和妈妈都爱你，你是个好孩子，很要强。但是，面对挫折的时候，你应该变得更加勇敢。只要你敢于面对它们，就能战胜它们。而且困难只是暂时的，方法也总比困难多。"

妞妞抬起头，怯生生地问我："我还能取得更好的成绩，是吗？"

"是啊！我相信你！"

"可这次我明明努力了，最后还是没考好。"

"这个很正常，只要你努力了，就可以了。"

经过我的鼓励和劝说，妞妞终于恢复了信心。

不经一番寒彻骨，哪得梅花扑鼻香。不管是对成年人还是对孩子来说，只有在挫折中才能更快地成长起来，并且变得更加坚强。

父母在教育孩子自强时，要适当提高孩子的受挫能力。当然，必要时可以根据孩子的年龄特点，有意识地给孩子设计一些困难，锻炼他们自己解决困难的能力，给他们提供克服困难的机会。

独立：孩子学不会独立是教育的灾难

孩子总有一天会长大，离开家，独自去面对生活中的风雨。依赖性强的孩子如同温室的花朵，弱不禁风，根本无法经受生活的考验。因此，爱孩子，就要放手给孩子闯荡的机会，只有这样，他们才能成长为一棵不惧风雨的参天大树！

在参加中韩少年探险夏令营时，我问一个 12 岁的北京男孩："为什么野炊时中国孩子不如韩国孩子会干活？"

男孩回答得非常干脆："父母不让干呗！为了能进好学校，我爸让我住在姥姥家里。我姥姥有三不准——刀不准动，电不准动，火不准动。我长这么大，连家炊都做不了，哪里还会做野炊啊？其实，不是我不想干，而是不知道从哪里下手，在家里从来没干过。"

日常生活中，打着所谓"爱"的幌子，拒绝孩子参与家庭事务，他们的动手能力得不到锻炼，这样的孩子，如何要求他们独立起来？

生活上独立的孩子几乎什么事情都会做，每次遇到问题什么事情都难不倒他，自信心就会越来越强，自然会很容易成功；而独立能力差的孩子，什么事都不会做，遇到困难也无法顺利解决，更严重的还会产生自卑心理，致使学习和工作处处不如意。可见，孩子的生活自理能力差并非是一件小事情，不仅妨碍自信心的树立，从长远看，还关系到他未来的生活。

思阳今年 12 岁，她不但会唱歌，还会作曲、吹长笛；洗衣、做饭、收拾家务也样样精通，是妈妈的小帮手。早上父母还没起床，她就已经做好了早点；晚上父母下班后，她已经做好了晚餐。尽管只是简单的西红柿炒蛋、麻辣豆腐、宫保鸡丁……却也被她做得色香味俱全。

大家都非常羡慕思阳的妈妈，其实思阳现在的独立来自妈妈当初的"狠心"。从上幼儿园开始，妈妈锻炼思阳自己洗袜子；从 5 岁开始，她就负责倒家里的垃圾，每天上学顺便提着一塑料袋垃圾，带到楼下的垃圾桶。6 岁时，每周都会跟妈妈一起大扫除；10 岁时自己上下学，一个人背着书包奔走于学校、古筝老师和作曲老师家。为了让女儿能够练习做饭，妈妈曾有几天故意晚回家。

父母对孩子真正的爱，是舍得，而不是溺爱。只知怜惜孩子，不舍得让孩子做任何事情，是对孩子的害。舍得是一种教育智慧，今天让孩子吃点苦，是为了明天让孩子得到更多的甜。孩子成长的过程中，是需要痛苦磨炼的，这些经历别人不能替代，父母必须"狠"下心来，让孩子去摸爬滚打。

舍不得让孩子受这份罪，这样的爱是不理性的，最终伤害的还是孩子。打着爱的旗号，把孩子保护起来，就会剥夺孩子独自面对社会的机会。真正的爱，不是让孩子吃好喝好，而是鼓励孩子自己到外面的大风大浪中去拼搏，鼓励孩子独立起来。

有个男孩在自己的作文中这样写道：

我有一个特别"懒"的妈妈。

小时候，我走路不稳，摔倒在地上，哭着在地上不起来，想让妈妈帮我。

可是，妈妈根本不理我，只说："自己爬起来！"没办法，我只好自己爬起来。

有一次，运动服脏了，我让妈妈帮我洗，妈妈却说："你自己洗吧！"妈妈不但不替我洗，还不让爸爸帮忙，我很无奈，只好硬着头皮自己洗。

我看课外书时，有的字不认识，去问妈妈。她递给我一本字典，说："自己去查！"数学题不会做，去问妈妈，她又说："连已知条件和未知条件的关系都搞不懂，怎么做题！"

妈妈喜欢听收音机，有一次换了电池，收音机就不响了。她让我试着修一下，还帮我找来了万能电表、收音机说明书。我按照收音机安装电路图，用万能电表反复检查，终于找到了问题所在。

……

你们说，我妈妈懒不懒？但我依然很爱她！

我国著名儿童教育家陈鹤琴先生曾针对中国父母对孩子照料过度的现象，说了这样一句话："做母亲的最好只有一只手。"这句话说的很有哲理！

父母都爱自己的子女，但也要把握一个"度"。对孩子的爱缺乏理智，只要是孩子提出的要求，不管是否合理，都无条件答应、无原则迁就，甚至把孩子的缺点也当成优点来看，是一种不恰当的爱——溺爱。对孩子娇生惯养，捧着怕摔了，含着怕化了，凡事不让孩子自己动手，看起来好像是疼爱孩子，其实是在害他。

乐观：用心爱，教孩子成为乐观的人

罗兰说："开朗的性格不仅可以使自己经常保持心情的愉快，还能感染周围的人，使他们也觉得人生充满了和谐与光明。"乐观与消极，是一个矛盾共同体，此消彼长，选择什么样的性格，就会拥有什么样的人生。

有一次我在公交车站等车时，听到两个中学生在聊天：

其中一个说："最近好烦啊！学习成绩老上不去。我觉得，好像自己这辈子也只能这样了。我妈对我期望很高，指望着我考个重点大学，可现在……哎！愁死我了。"

另一个说："别提了，我更郁闷，我爸跟我妈整天吵架，我每天都在担心他们哪天真的会离婚，哪有心思学习呀！如果他们真的离婚，我都不知道该怎么办了。"

……

我在旁边听着，感到汗颜。现在的孩子太早熟，而且遇到不如意的事情就悲观失望、丧失自信，似乎整个世界都在与他为难。可是，抱有这样的心态，生活就会灰暗很多。与悲观相对应的就是乐观，而乐观地面对人生，才是我们应该教给孩子的。

乐观是成功的催化剂，也是一种生活态度。乐观的孩子，即使遭遇挫折，也积极面对，坚信自己有能力改变现状，会拿出最好的状态与挫折做斗争。犹

117

太民族有句俗语："如果你断了一条腿，就要感谢上帝不曾折断你两条腿；如果你断了两条腿，就应该感谢上帝不曾折断你的脖子；如果你断了脖子，你就没什么好担忧的了。"这句话很好地证明，站在不同角度，就能看到事物的另一面，将事情看透了、想开了，也就能积极乐观地面对了。

星期五晚上，妞妞放学回来，我看她情绪不高，就问她："今天学校有什么高兴的事呀？"

"没有高兴事，只有伤心的事。"妞妞不高兴地回答。

"发生什么事了？"我小心地问道。

"今天老师让我们选班长，大多数人都选了刘成，只有少数的几个人选了我。"妞妞伤心地说。

"大多数同学选刘成做班长，说明他身上优点比你多。你要向他学习，然后比他更积极地表现，说不定下学期大家就都选你了！"

"可是，我现在就想当班长。"妞妞显得有些着急。

"现在，你在同学中间没有威信，就算真的当了班长，他们也不会信服。你可以用这段时间好好表现，下学期，不要说当班长，还可能被同学们评为三好学生呢！"

"嗯，我看行。"妞妞赞同了我的说法，脸上的愁云消失了。

孩子也有小心思，也会遇到苦闷，父母一定要仔细观察，及时发现，让他们将不满情绪发泄出来。既不要让委屈长期压在孩子心头，更不要不问青红皂白地批评、斥责。父母对待孩子的态度，往往是孩子能否形成乐观性格的重要因素。

看到孩子闷闷不乐回到家中，却不闻不问，甚至不问因由就批评孩子，只会给孩子带来更大的伤害。压抑或者敌对的家庭氛围，只会让孩子失去安全感和乐观精神。时间长了，孩子就会越来越悲观厌世。

勇敢：一颗勇敢的心不是说出来的

　　孩子的成长道路不是一帆风顺的，总要披荆斩棘、破浪前进。我们能给孩子提供美味的食物、漂亮的衣服、各种玩具，但是却给不了孩子勇敢的心。孩子在成长过程中，如果缺乏勇敢之心，就会被各种困难击垮。因此，父母一定要鼓励孩子勇敢起来，做自己心中的"超人"。

　　一天，一位年轻妈妈带着一个大约四五岁的小女孩在小区空地上玩。小女孩在一边骑自行车，妈妈则坐在长椅上玩手机，突然她感觉脚趾头痒痒的，侧头一看，一只毛茸茸的小狗在舔自己，她大叫一声，迅速站起来跳到一边。

　　小狗也被吓了一跳，一下子跑开了。没想到，它朝小女孩的方向跑去。小女孩看到妈妈的反应，又见小狗朝自己跑来，"哇"地哭了起来，手一松，从自行车上摔了下来。虽然没有受伤，但也大惊一场……妈妈急忙跑过去，将孩子抱在怀里。女孩一边搂着妈妈的脖子，一边哭喊："妈妈，我怕！"

　　这样的场景，在我们的生活中经常上演。其实，一条狗并没多可怕，可怕的是大人的引导。孩子今后要自己面对的事和人还有很多，父母必须表现得从容和淡定。此外，有些父母拒绝在大庭广众面前表演节目，拒绝在父母会上发言……有这样胆小的父母，孩子的胆子怎么会大？

　　在妞妞5岁那年，小区附近的大厦开了一家妈妈城堡亲子餐厅，妞妞很喜欢那里的积木，还有玩具餐厅，可是在上厕所时，妞妞突然发现运动中心一楼有一个室内攀岩场。妞妞坚持要试试看，于是我买了票让她自己玩。

在我的注视下，妞妞小心翼翼地往上爬，快到三分之二时，她转头看着下方的我，说："妈妈，我有点害怕。"

我对她说："换成是我，我也会害怕，所以现在你可以选择继续往上爬，也可以往下跳。"于是，妞妞用力跳下来，跌在超厚的软垫上，爬起来笑着跑到我跟前。

"越往上爬我越害怕。"妞妞抱着我说。

我告诉她："害怕是一种正常的心理反应，当你感到害怕时，证明有危险在靠近，提醒你要小心。"

妞妞听完笑呵呵地亲了我一下，然后转身继续挑战。

孩子表现出害怕很正常，作为父母，千万不要把孩子胆小当作是丢人的事。为了改善这种状况，可以鼓励孩子多表达，切忌说"你一定要这样，你必须要那样做"之类的话。而要引导他，给他提供一个独立思考的空间。或者孩子对某件事感到害怕时，父母完全可以直接告诉他：害怕只是一种情绪，甚至是一种很棒的情绪。当他们知道了这一点，就可以勇敢地战胜恐惧的情绪，自然会慢慢勇敢起来。

妞妞五六岁时，有一阵子也胆小，不敢自己一个人待在家里，晚上睡觉也得开着灯，阴雨天打雷、打闪，她也要嚷嚷着跟我一起睡，家里来了客人她也会躲在书房里不出来……当时她正上幼儿园，为了不让这种胆怯影响到她日后的生活，我总是鼓励她参加幼儿园举办的活动，比如每周她们班里都会有一次选择性上台的机会，起初妞妞不敢上台，后来我跟丈夫不断鼓励她，妞妞终于战胜了自己，站在了台上。

孩子需要父母的鼓励，也渴望父母的鼓励。如果你的孩子确实胆小怕事，完全可以通过一些事情，鼓励他们勇敢起来，比如勇敢面对难题，勇敢面对黑夜……既可以鼓励孩子多参加校内活动，也可以多带孩子到各种集体场合，让孩子变得更愿意与人交往。此外，还要让孩子多和同龄人接触，可以邀请小伙伴到家中来，让孩子招待。

感恩：世上没有不懂感恩的成功者

感恩是一种美德，更是一种生活态度和方式。孩子只有学会了感恩，才会对人心存感激，才会知道回报，才会去关心帮助别人。世间没有不懂感恩的成功者，因此，让孩子从小就做一个知恩、感恩的人！

李海跟妻子都在上海打工，儿子 10 岁那年，夫妻俩把他接到上海读小学。李海夫妻俩都不是高薪工作，孩子过来读书之后，家庭开销很大。尽管如此，夫妻俩还是省吃俭用，将儿子送进了一所小学。每次学校开家长会，李海夫妻俩谁都想参加，但是每次都被儿子拒绝。

有一次，为了参加家长会，李海甚至还专门买了一套衣服。没想到儿子却急了，说："你长得不帅，还没文化，去了给我丢脸吗？"儿子的话让李海感到很难过。不仅如此，儿子平时也经常抱怨父母不能给他创造一个好的学习环境。

2015 年春节的晚上，李海和儿子因为小事争执了几句，儿子立马掀翻了妈妈精心准备的一桌团圆饭，说："如果你们没有能力给我提供好的生活环境，为什么还要把我生出来？"李海夫妇看着地上的碗盘碎片，心也碎了一地。

李海知道，自己确实收入不高，无法给儿子提供更多、更好的物质条件，所以一直以来他们都尽最大努力让孩子感受到他们的爱。儿子生日那天，为了给他一个惊喜，妻子亲手给做了一个大蛋糕，没想到儿子却不领情，埋怨说："做这么大一个蛋糕，还不如给我买块好利来。"

李海很伤心，也很气愤："为了做这个蛋糕，你妈专门去学的，你不说声'谢谢'也就罢了，怎么还这个态度。"

"这个蛋糕我就是不喜欢。"

"即便这样，可你妈这么辛苦做好给你，你就没有一点感恩意识吗？"

"做蛋糕很容易啊，我不觉得辛苦，为什么要感恩？"

"如果说做蛋糕不辛苦，她十月怀胎生下你，你的生日是她的受难日，难道这也不值得你感恩吗？"

"你们结婚生我，不也是为你们自己吗？"

儿子的话让李海夫妻俩无言以对。

当李海给我留言说起这件事，我心里一阵愤怒，这是个典型的缺乏感恩意识的孩子。

生活中，很多孩子会觉得，父母为他们做什么都是理所当然的，略有不如意便会心生怨怼。如果真的像案例中的男孩一样缺少感恩意识，不论能力多出色，将来步入社会，都不会被接受和认可。

感恩是一种处世哲学，不仅仅是一种情感的流露，更是一种人生境界的展现。因此，在我们给孩子提供好的条件时，一定不能忽视了感恩心态的培养。

妞妞跟许多孩子一样也问过我这个问题："妈妈，我是怎么来的啊？"

我告诉她："你原本是我肚子里的一个小肉球，在我肚子里憋了十个月的时间，最后实在忍不住了，就自己跳了出来。"

"啊？原来是这样啊？这么说生孩子挺容易的呗。"

"和妈妈一起玩个游戏吧！把这个皮球用网兜绑在肚子上，把你的玩具从这头搬到那头，如果在规定的时间内完成就算赢。"妞妞一听，觉得十分有趣，于是就照办了。但她当把皮球真的绑在肚子上才发现，走路变累了，弯腰也费劲，反正就是非常难受，根本不能顺利地搬运玩具，于是她便嚷着不玩了。

我告诉她："你在我肚子里时，我比你这样还累。那么现在你还认为生孩子很容易吗？"妞妞意识到了我的辛苦，讨好地抱着我说："妈妈，我让你受累了，以后我一定好好表现。"之后，妞妞变得跟小大人一样，总是时不时帮我干家务。

人的一生，如果盘点一下，对自己恩情最深的人莫过于父母。父母给了我们生命并辛勤养育我们，我们的成长凝结着他们的汗水与心血，教孩子懂得感恩，就要先让他们铭记父母的恩情，感恩父母。

有一次去南京出差，我抽空参加了一个父母沙龙。很多父母都表示，如今的孩子不体谅父母。一位妈妈说，有一次吃晚饭，桌上没有儿子爱吃的宫保鸡丁，他便使性子不吃了，把筷子一扔，嘴噘得老高，一脸的不高兴，怎么劝都没用。

另一位妈妈在谈及这个话题时，分享了自己的育儿体验：

儿子俊俊今年 11 岁，之前家里开饭店，条件还可以，后来生意不好做，饭店便关了。有一段时间，俊俊总是与别的孩子攀比，看到人家吃什么、穿什么，他回家就跟我要。我意识到这个问题后，跟他进行了一次严肃的谈话。为了让他体验挣钱的不容易，我建议他利用一个周末的时间到马路上去卖花。

周六上午我帮他准备好一捧玫瑰花，他开始行动了。一到大街上，衣服整洁、皮肤白净的小少年霎时成为一道亮眼的风景线。开始他还干劲十足，认真地在路边叫卖，后来就不行了。傍晚回到家，我给他算了算，一共赚了 11 块 5 毛钱。

通过这次社会实践，他体会到了赚钱的不易，也明白了：他认为理所当然的一切都是父母用劳动和汗水换来的。从此以后，俊俊懂得心疼我跟他爸，总是帮我们干一些他力所能及的活儿。

　　要想让孩子怀有感恩之心，让他们体验生活是一个不错的选择。只有当他们了解到生活的艰辛之后，才能对美好的生活心存感恩；也才会体谅父母的不容易，对父母多一些感恩……缺少必要的生活历练，不给孩子创造体验的机会，孩子自然不懂感恩。

责任：敢于承担的孩子最优秀

古往今来，有担当是一个人立足社会、获得事业成功的重要品质。正所谓"能力不足，责任心可补；责任心不够，能力无法补；能力有限，责任心无限"。能担当多大的责任，就能获得多大的成功。

周一早上，荣轩对妈妈说："妈，今天我们班大扫除，轮到我用长扫把打扫屋顶的灰尘了。你不知道屋顶有多少土！我不想扫。你能不能给老师打个电话，说我感冒了，今天不太舒服，让老师把这个又脏又累的活安排给别人。"

听了儿子的话，妈妈感到非常失望。荣轩已经上小学三年级了，他不但在学校这样，在家也是如此，缺乏责任心。

不是每个孩子生下来就具有责任心，必须给他们提供机会，鼓励他们积极参与到家庭生活和学校生活的各个方面。当他们意识到自己对家庭、对学校很重要时，责任感就会慢慢产生。当然，除此之外，还可以在其他方面进行引导。

妞妞出门的时候我从来都不担心，不会像其他父母那样时不时地冲着孩子大喊："慢点，看车！"有时，妞妞反倒像个小大人一样拉着我的手说："妈，小心点。""妈，过马路注意看车，尽量走人行道。"每次带妞妞去超市，她都会推购物车，从超市出来也经常帮我拎一些东西。

邻居看到妞妞这么小却如此懂事，时常问我："你是怎么把孩子教育得那么好的？"我会告诉他们：其实，方法很简单，三个字——责任感。我总是给妞妞创造一些机会，对于她力所能及的事，有意地让她承担，渐渐地，她也就有了责任感。

如果提高孩子的责任意识，要给他们提供实践的机会，通过行动得到对"责任"的珍贵心理体验。心理体验积累多了，孩子的责任意识自然也就提高了。

周末，杜婷带儿子到朋友家做客，大人坐在沙发上聊天，儿子智哲就和朋友家的孩子一起玩。玩得过于投入的时候，智哲从沙发旁边跑过，一不小心把放在旁边的热水瓶碰倒了。

看到儿子把朋友家的热水瓶打碎了，杜婷忍不住说了智哲几句。朋友连忙表示："一个热水瓶而已，没什么大不了的。"

朋友虽然没有追究，但是杜婷觉得如果轻易地让这件事情过去，也许会使儿子产生一种做错了事情也无所谓的错误认知。于是离开朋友家后，杜婷没有直接回家，而是带着儿子去附近超市先买了一个热水瓶。

"妈妈，你买热水瓶干吗？"

"你把阿姨家的热水瓶打碎了，咱们买一个赔给阿姨啊！"

"阿姨不是说没事嘛，而且我也不是故意的。"

"儿子，既然做错了事，就要勇于面对，敢于承担，即使是像打碎热水瓶这样的小事。"

……

每个孩子都会犯错，我们允许孩子犯错，但绝不允许他们逃避和推卸责任。让孩子对自己的言行负责，无论犯了什么样的错误，适当放手让他们自己去面对，锻炼他们具备承担责任的能力，将对他们未来的人生大有裨益。

坚持：坚持的原因有很多，放弃的理由只有一个

"不积跬步，无以至千里；不积小流，无以成江海。"没有一蹴而就的成功，唯有坚持不懈，才有机会叩开成功的大门。

若曦今年 10 岁，做事没有耐心，也没有毅力，不管做什么都是三分钟热度。看到其他孩子都会游泳，若曦也吵着要学游泳。妈妈给她买了一套泳衣，去了两次没学会，她就再也不学了。后来，看到别的孩子玩轮滑，她也吵着要学，东西买回来了，第一天玩的时候摔了一跤，从此再也没动过。

不管看到别的孩子玩什么，若曦都想玩，但是只要有点难，她觉得无法轻易学会，就轻言放弃。妈妈跟她讲了许多道理，她根本听不进去，多说她几句，她就哭。

法国微生物学家巴斯德说："告诉你使我达到目标的奥秘吧，我唯一的力量就是我的坚持精神。"在成功的道路上，有很多竞争者，也不乏放弃的人，事实证明，但凡能够成大事的人都具有坚持到底的毅力，没有恒心和毅力的人注定与成功无缘。

正豪从小就喜欢画画，起初是拿着画笔涂鸦，后来慢慢学着画简笔画。当然，他也不是每次都画得很成功，也有画不好的时候。每次正豪画完都会拿给妈妈看，妈妈也会给他提一些改进意见，有时候也会和他一起画。

开始学简笔画的时候，从最初的构图到后期的上色，正豪经常反复练习，有时候他也觉得烦，想放弃。后来妈妈给他买了个临摹本，让他先临摹，然后自己慢慢照着画。在妈妈的帮助和鼓励下，正豪一次比一次画得好，基本功也越来越扎实。通过画画，正豪不仅能在完成作品后获得成就感和喜悦感，更重要的是，他明白了"坚持就是胜利"的道理。

画画如此，人生亦如此！成功从来不是一蹴而就的，要想做成一件事，都离不开我们的坚持和忍耐。

去年春天，万物复苏，桃花杏花盛开，我跟丈夫趁着休息，带妞妞去爬山。来爬山的人不少，看大家一个个不到山顶非好汉的样子，我们也铆足了劲儿。可是，在马上就要爬到山顶时，天气突然阴了起来，没一会儿就下起了雨夹雪，我们上也不是，下也不是，只好在一棵大树前停了下来。不过，这雨夹雪来得快，去得也快，没过一个小时就停了。这时候，很多人选择了放弃，纷纷朝山下走去，而我们选择继续往山上爬，并且很快就抵达了山顶。站在山顶，我们一家三口相视而笑。

在教育孩子的过程中，孩子遇到困难和挫折很正常，产生沮丧的情绪和放弃的念头也不足为怪，这种情况，父母要做的不是批评和责怪，而是陪在他们身边，告诉他们一些关于坚持、毅力和梦想实现的故事，并引导他们调整策略，鼓励他们继续去做、去尝试。有了父母的支持和有效引导，孩子才会逐渐明白坚持和努力的意义，从而为未来取得更大的成功奠定坚实的基础。

Chapter

情绪教育——教孩子正确处理物、人、我的关系

每天保持一份好心情，做事的效果就会提升很多；

整天郁郁寡欢，别人看着不高兴，自己也提不起兴趣，结果可想而知。

不生气：转移注意力，不做爱发脾气的"小暴龙"

生气是一种情绪的发泄，任何人都避免不了。孩子生气的原因有很多，挫折、等待、孤独、闹矛盾、受批评、要求得不到满足等。当孩子生气时，父母只有弄清楚他为什么生气，才能有效应对。

滨吉今年 9 岁，上四年级，成绩还可以，但是有一个明显的问题，就是"人小脾气大"，平时动不动就对别人发脾气；一遇到不顺心的事，就控制不住自己，总要拿哪个人或者哪件东西出出气。比如，考试成绩不好，他就会撕碎试卷，要不就说老师出的题太难或太偏，自己做不出来；学骑自行车摔了跤，他就踢自行车；上课迟到，他就埋怨妈妈不早早喊他起床……

老师告诉滨吉妈，滨吉总会因为一些鸡毛蒜皮的事而生气，甚至跟同学大打出手，为此很多同学对他都有意见。在家里，爸爸和妈妈只要将他的缺点指出来，他就大喊大叫，怎么说也不管用，令父母十分头疼。

不少父母都会遇到像滨吉这样的问题，而且他们非常希望能找到快速有效的办法来改变孩子的现状。因为他们知道，任何人都不喜欢跟爱生气的人交往，三句话还没说完，脸色就变了，搞得人家云山雾罩，不知道怎么得罪了你，时间长了，谁还愿意搭理你？所以，对孩子进行良好的心情教育，首先让孩子学会控制自己的情绪。

妞妞小时候经常会跟小区里的孩子们一起玩。一次，玩的时候，开始时大家还很开心，可是没过一会儿，就有一个小朋友提议："我们比个儿吧，看看谁长得高。"结果，年龄最小的妞妞最矮，其他小朋友都笑她，妞妞十分生气，最后"哇"的一声哭了起来。

还有一次，吃午饭时，妞妞一边玩一边吃，我把她带到饭桌前，可是她只吃了一口，就开始满屋乱跑，婆婆一边追着喂饭一边对妞妞说："悦悦奶奶说，悦悦吃饭吃得多也吃得快，我看妞妞是不是也这样？"结果，妞妞一听就不高兴了。

孩子生气时，我们该怎么办？相信大多数父母会说，跟他认个错，哄一哄就好了。或者孩子一直别扭着，把父母的耐心磨没了，父母情急之下还有可能打孩子。当然，这样的做法都是不可取的。其实，孩子的注意力都会受到外界事物的吸引，我们完全可以利用孩子的这一特点，转移他们的注意力。比如说，孩子因为某事生气了，父母不妨做一些滑稽的动作去逗他，或者是想一些孩子喜欢玩的游戏……这样，孩子很容易就会转变心情。但是无论怎么做，都不如以身作则，做不爱生气的父母效果好。

别看孩子年龄小，他们也会不自觉地体察到家人的情绪，并受到一定的影响，因此，要想让孩子不爱生气，父母首先要控制好自己的脾气。

从妞妞一出生，我就告诉自己，为了让她能够快乐成长，我要学会控制自己的情绪，做个不爱生气的妈妈。很多人会说，烦恼的事情这么多，要想做到不生气简直比登天还难。可是，要明白，哪个人没烦恼，但是无论怎样，都不能将烦恼带给孩子。我也有心情不好的时候，可是我通常不在女儿面前表现出来，而是借助聊天、看书等方法来转移注意力，从而有效排解心中的不快。和妞妞在一起的日子，她受我影响，变得跟我一样，非常喜欢笑。不管是在学校还是在家里，只要遇到不开心的事，妞妞都会主动跟我说。在我的引导下，她就会把所有的烦恼、不开心都忘记，或者换一种心态去接受。

不冲动：磨炼耐性，做事才会三思而行

孩子自制力差，无法预见做事的后果，常常凭着本能行动。事实证明，任何时候冲动做事，都是要付出代价、受到惩罚的。因此，父母在教育孩子的过程中，一定要让孩子有耐心，懂得克制，远离冲动这个魔鬼。

有一次，我的邮箱里收到一封信，是一个名叫丫丫的女孩发来的。

我有一个很大的缺点，就是做事不计后果，太冲动。尤其是上初中后，我感到很苦恼，总是得罪人，因为一点小事跟同学起冲突。有一回，一个跟我关系不错的同学让我帮忙给讲一道题，结果讲了两遍，她还是不明白，我有点儿厌烦了，一时情急之下，我对她说："你怎么还是不明白呢？到底有没有认真听我说啊？"这个同学感到很不好受，就再也不问了，从此跟我的关系也不像之前那么好了。

很多时候，孩子之所以会冲动，就是因为自控力不强。根据孩子的兴趣爱好，寻找科学有效的方法加以引导，会让孩子逐渐变得有耐心，缓解冲动情绪的产生。

皮皮，人如其名，是个捣蛋鬼，更让人着急的是，他的屁股上仿佛长了刺，根本没办法安静地坐一会儿。后来，皮皮妈在《不要为孩子烦恼：美国家庭的卡尔·威特教育》这本书中看到了一种锻炼孩子耐心的方法，就抱着试试看的心态用了用，没想到，皮皮的情况果然改善了很多。

这天，皮皮妈拿着沙漏对他说："古时候，这个沙漏的作用就相当于表。我手里这个沙漏，里面的沙子都漏下去，正好是三分钟。"皮皮特对这个沙漏感到很好奇，特别想玩。

皮皮妈见此情景，对他说："我们做个游戏，把这个沙漏当作计时器，我们一起看故事书，每次三分钟。"

皮皮高兴地答应了。他搬来自己的板凳，坐下翻故事书。实际上皮皮根本就没心思看书，他一边翻书一边看着那个沙漏，三分钟一到，他就把故事书扔到一边了。皮皮妈并不气馁，这样尝试了几次之后，皮皮逐渐把注意力转移到了故事书上，因为情节吸引人，皮皮看得很入神，忘了沙漏这回事，也能安静地坐上半天时间。

在这里，皮皮妈就用了一种循序渐进的训练，对孩子进行了潜移默化的教育。通过孩子感兴趣的东西，让孩子的注意力在一定时间内专注在某一对象上，日久天长，孩子就形成习惯，也就有了耐性。

当发现自己的孩子因为缺乏耐心很容易冲动时，我们可以借鉴皮皮妈的做法，比如，选择一些能够磨炼孩子耐性的活动，像学乐器、写字、画画或陪孩子下棋等。在重复而有要求的训练中，经过不断地思考和揣摩，孩子的耐性就会得到不断磨炼。

从妞妞记事起，我就告诉她"冲动是魔鬼"，并反复告诉她冲动可能引发的后果。甚至为了能让她理解，我经常讲一些类似的故事。

陡峭的山坡上有块漂亮的大石头，被山涧的激流冲洗得十分光洁。渐渐也，激流变小，冲力也逐渐变弱，最后一滴水也没有了。山坡附近有一片小树林，恬静又美丽。光洁的大石头占据着特殊地势，能够浏览到各处美妙的风景。

按说大石头应该感到很幸福。可是，有一天它望着山坡下的小路，发现很多人都在铺鹅卵石。突然，它有了一个疯狂的念头，要去下面的道路上。它对自己说："和青草在一起，只会磨灭了自己。我应该和兄弟姐妹们一起生活。"于是，它朝山下滚去，正好滚到路中间才停下来。

看到四周都是鹅卵石，它不禁感慨："好极了，我就待在这儿！"路上非常繁忙，大货车从它身上辗过，人们和成群的牲畜也从这里经过……没过多久，在灰尘、泥土和牲口粪便的掩埋下，它失去了自己原来的形状。

这时候它开始朝上看，痛苦地看着自己离开的地方。那里绿油油的，那么洁净，那么芳香和美丽。它后悔了，但一切都来不及了。

在引导孩子避免产生冲动情绪时，完全可以讲一些类似这样的小故事，或者是自己看到的，或是在原来的小故事中加上自己的一些构思和设想。总之，单纯地讲道理，孩子可能不会听；但孩子都喜欢听童话故事，如果能够通过讲故事的方式让他们明白一时冲动可能引发的严重后果，那么他们的冲动行为或多或少会得到改善。

不焦虑：警惕这些反常反应，它们暗示着焦虑情绪的存在

如今，焦虑已经不再是成年人的专利，它已经开始向孩子袭来，情绪不稳、烦躁、吵闹、胆怯……轻则影响孩子正常的生活，严重的会形成一种病态。作为父母，爱孩子就要关注孩子的内心，让孩子远离焦虑，快乐成长。

由于工作的关系，我认识了一个儿童心理方面的朋友。一次，我去拜访她，当时她正在接待一位小患者——6岁的小雨，他总是咬手指甲。

小雨妈说："小雨很乖，聪明伶俐，大家都很喜爱他。可就在一年前，他开始咬手指甲，频率也越来越高。家人想尽了各种方法，可他还是改不掉这个坏毛病。直到我发现他10个手指头的指甲参差不齐，才意识到问题的严重性。"听了她的话，朋友给她提供了很多建设性意见，然后，小雨妈就带着小雨离开。

送走了他们，朋友对我说："别以为这是孩子不听话或者病了，其实，他这是一种焦虑状态。"接着，她给我讲了许多病例："有个女孩叫蒂娜，总是很焦虑，问题也不少，并且遇到事情她都有点儿小题大做。一般情况下，她的问题我都能帮她解决，可有时我也束手无策，比如她时常感觉害怕，拒绝尝试新事物；有时对自己没有信心，觉得自己办不好任何事情……千万不要觉得焦虑和孩子无关，现在，儿童焦虑症已经变成了一个不容忽视的问题……"

回到家里后，我查阅了相关资料，看到实际生活中有那么多的案例，我简直吃了一惊。仔细想想，我们身边是否有这样的孩子：情绪不稳定、烦躁、吵闹、胆怯，拒绝去幼儿园或经常逃学、害怕陌生环境等，这种情形会持续几个礼拜、几个月或更长的时间。很多父母觉得这些都不算太大的问题，长大一些就好了，其实不然，这是孩子太过焦虑的一种表现，如果父母放任不管，任其发展，对孩子的危害将不可估量。

14 岁的小小是家里的独生女，全家人对她寄予了很高的期望。为了让小小有一技之长，爸爸一口气给她报了 3 个特长班：钢琴班、小提琴班和绘画班。小小每天都很"忙"，本来周末可以放松一下，可她的周末竟然比周一到周五还要累。

虽然比较"忙"，小小的学习成绩却在不断提高，在学校活动中的表现也非常出色。看到这些，爸爸妈妈都很高兴，更加坚定了自己的做法。可是，渐渐地他们发现，小小变得十分敏感，别人看她一眼，她都会猜想自己是不是哪里做得不好；同学被老师表扬，她也会感觉自己没有做好，压力很大……

在朋友的建议下，爸爸妈妈不再对小小高要求，改变了先前的教育方式。周末时，小小再也不用奔走于各个兴趣班、辅导班之间，而是会跟着父母去踏青、爬山……一段时间后，小小敏感、焦虑的情况开始转好。

"高处不胜寒。"对于那些身心压力大的孩子来说，最好的办法就是给他们足够的玩乐时间，让他们的身心得到彻底放松。对于学习焦虑的孩子来说，借助生活中的一些事去启发他们思考，培养他们的学习兴趣，一旦产生了兴趣，他们对学习的焦虑情绪才会慢慢得到缓解。

不恐惧：陪孩子跟他的"害怕"待一会儿

恐惧是一种内心紧张的状态。每个孩子在成长过程中都会或多或少对某事产生恐惧，比如对陌生人、黑夜、凶猛的动物等。轻度的恐惧是孩子保护自己的一种本能反应，一旦过度，就会对孩子的成长产生阻碍。

虽说"初生牛犊不怕虎"，但实际上很多孩子都十分胆小，对身边的事情怀着满满的恐惧，他们害怕一个人在家、恐惧陌生人、恐惧天黑……攸攸就是其中一个。

攸攸 4 岁，胆子很小，平时少言寡语，说话的声音很小，不敢一个人出去。一天傍晚，门铃响了，攸攸知道来了客人，就立刻钻进了自己的房间，关上门，大气不敢出一口，好像客人很可怕。爸爸让她出来和客人打招呼，她也是扭扭捏捏的，不敢在客人面前说话。

客人要走，爸爸对攸攸说，他要将客人送到楼下，顺便到信箱中拿晚报，立刻就回来，让攸攸在家里好好等他。攸攸不同意，一边哭一边说："不，我不一个人在家。"没办法，爸爸让攸攸和自己一起下楼。可是，攸攸哭着摇头说："我不出去，外边黑。"看着哭泣的悠悠，爸爸也没办法，只好将客人送到门口，没有下楼，晚报也没有取。

不仅如此，老师跟攸攸爸反映，攸攸上课时不敢回答问题，有时点名让她回答，她的声音也很小。

孩子之所以会感到害怕，是因为他们对事物的无知，一旦了解了这一事物或者现象，恐惧的心理就会消除。

妞妞小时也出现过怕黑的状况，每天晚上睡觉都要开灯跟我在一起，要不然就会睡不着。

一天晚上在睡觉之前，我对妞妞说："人家睡觉时都会关灯，我们也把灯关上，好不好？"妞妞起初不同意，在我耐心地引导下，最后她终于同意了。

我关上灯之后，妞妞用力地搂着我的胳膊。我拍着她的后背，说："别怕，妈妈陪着呢。咱们把灯关上，才能睡得更香。"我一边拍着她的后背，一边安慰，也许是起了作用，没多长时间，她就睡着了。一段时间后，她就习惯了关着灯睡觉。

之后，我从商场买回一张儿童床，将女儿的房间布置得活泼漂亮。女儿从幼儿园回到家，看到自己的房间这么漂亮，非常高兴。她躺在新床上，我说："这是你的房间，长大了，就该有自己的房间了。"妞妞听后，睁大双眼："今天晚上我要自己睡吗？妈妈不要我了吗？"

我告诉她："你不能一辈子和妈妈一起睡，练习一个人睡，做个勇敢的孩子，好不好？"听到这里，妞妞只能同意。晚上，妞妞在我的鼓励下，来到自己的房间。可是，没到半个小时，她就跑出来，进了我的被窝。

第二天，我还是没有放弃。我把妞妞的新床紧挨着自己的床边放置，让她在我旁边睡觉。虽然不在一张床上，但毕竟在一个房间里，妞妞也能安心睡觉了。

妞妞成功地迈出了第一步，一段时间后就能单独睡觉了。

很多孩子都不敢一个人睡觉，有的是因为怕黑，有的则是因为过去受过惊吓，内心留下了非常可怕的阴影。比如有些父母为了不让孩子做一些事，就对孩子说一些狼啊，坏人啊之类的吓唬他们，让他们因害怕而服从。殊不知，这样会给孩子造成内心的恐惧。

在此劝诫所有父母，千万不要用恐吓的方法教育孩子，更不能为孩子讲些带有迷信、恐怖色彩的故事。孩子看电视时，也要有所选择，比如睡前不要看有关凶杀、惊险类的节目，避免孩子做噩梦。此外，要对孩子进行勇敢教育，给孩子讲一些关于勇敢的故事，激励孩子锻炼自己的胆量和意志。

朋友家里有个小姑娘叫尧尧，5岁左右，很漂亮，就是胆子小，有人到他家做客，小姑娘就会躲在朋友后面，根本不敢说话。为了让尧尧在客人面前敢于说话，朋友教她学会了几句常用的礼貌用语，比如"请进""阿姨／叔叔好""再见""下次再来玩"等。还让尧尧学着给客人准备茶水，而且他总是假装客人，让尧尧进行"实战演练"。客人来到家里后，朋友就鼓励她照着说、做。久而久之，去他家的客人都会夸奖尧尧，尧尧的自信心逐渐增强，渐渐能够大胆应酬了。

为了让尧尧在班里大胆发言，朋友主动联系老师，让老师在课堂上多提问、多鼓励她。经过这样的配合，尧尧学习和回答问题的热情也大大增强。

经过爸爸的鼓励和帮助，尧尧终于敢大胆说话，也更加自信、勇敢了。

有些孩子不敢在生人面前或班里说话，主要是因为他们对自己没有信心，生怕说错了别人会嘲笑自己。对于这样的孩子，在做事之前，就要告诉他们具体应该怎么做，让他们有足够的心理准备，从而增加他们的信心，避免出现恐惧心理。

孩子不敢独自做某件事时，父母正确的做法应该是多鼓励，必要时给他们一些指导，让他们慢慢学会处理自己的事情。慢慢地，孩子就会胆子越来越大、不恐惧。

不紧张：方法总比困难多，教孩子积极地自我暗示

孩子在面对一件新事物时，因害怕自己做不好或者其他原因而产生紧张情绪，这是一种正常的表现。对于任何人来说，适当紧张是正常的，但过度紧张只会让事情朝着不好的方向发展。

明明今年6岁，不管做任何事情都过分紧张。

前段时间，妈妈带着明明参加小学入学考试。之前的好几天，明明都非常紧张，总是问妈妈："妈，老师都会问什么问题呀？""老师问问题，我回答不上来，怎么办？"

明明的视力很差，每次检查视力之前，他都会担心自己的视力下降。一到医院，明明就开始紧张，平时能够看清楚的位置都看不清了。越是这样，他就越惊慌，怎么安慰他都不行。

学习钢琴时，平日在家，明明练习得还不错。但是，到了老师家里，哪个位置一弹错，他就惊慌失措，老师说的根本听不进去，越弹越错，越错弹得越慌张。

爸爸妈妈不管遇到什么事情都紧张不起来，任何事情都想得开。但是，明明却总是处于紧张状态。

生活中，很多孩子都无法正确面对考试、表演等，一旦站在众人的面前，

就会感到紧张。其实，这是正常的现象，即使是成人，在陌生或比较大的场合，也会感到紧张。但是，如果孩子总是表现得紧张过度，父母就一定要加以重视了，给孩子积极的心理暗示，让他们接纳自己，勇敢面对。

有这样一个心理实验：

一个死刑犯立刻就要被执行死刑了，执行人员说："我们打算做一个试验，你执行死刑的方式就是把血放干净，这也是你在死之前对人类做的有益的事情。"犯人表示愿意。

实验在手术室里进行。犯人被安排在一个小房间，他躺在床上，把一只手伸到隔壁的一个大窗格里。犯人不知道人们在做什么，只是听到护士和医生都忙碌着准备放血。护士问医生："5 个瓶子够吗？"医生说："不够，这个人的块头太大了，要准备 7 个。"

护士在犯人手臂上用刀尖点了一下，开始放血；同时，在他的手臂旁边用一根细管子放热水，水顺着犯人的手臂一滴一滴地滴进瓶子。犯人听到滴答滴答的声音，觉得自己的血一滴一滴地流出。滴了 3 瓶，犯人便休克了；滴到第 5 瓶时，他已经死亡。

死亡的症状和放血死亡完全一样。其实，他并没有流血，所有的都只是假象，而这样的假象却给了他心理暗示："我的血正在流淌，我正在死去。"自我暗示力量的作用由此可见一斑。

积极的心理语言总能起到很强的暗示作用，正面的心理暗示可以增加人的自信，激发出最佳的"竞技状态"。对于复习迎考阶段的孩子，父母可以给孩子一些积极引导，让他们自我暗示："我很努力，我会成功的！""我和别人一样聪明，我能行的！""别人跟我复习的时间一样多，大家都在同一个起跑线上。"

在网络上，我读到过这样一篇回忆录：

记得，在高考之前我很紧张，父亲看出来我心情焦灼，让我把书本放下，跟他出去照相。那时，我生活的城市建设了立交桥，他带着我左照右照，一边讲解大桥的结构，一边讲解拍摄技巧。

父亲是搞建筑的老牌大学生，建筑是他的专业，摄影是他的爱好，无论什么，他都能娓娓道来，浓浓的父爱包裹着我。我彻底放松下来，顺利地参加了高考。高中三年，从小到大的考试，只有高考是我考得最满意的一次，最终考上了父亲曾经上过的那所大学。

在做了妈妈后，当女儿遇到各种紧张情况时，我都会和她一同商量办法，比如做做深呼吸、和父母倾诉、互相拥抱、甩甩胳膊和腿、转移一下注意力、跑跑步、听听音乐。此外，在正式上场前，还可以让孩子想象一下比赛、表演、考试后自己轻松的样子……只要掌握了方法，孩子的紧张情绪就可以慢慢得到缓解。

千万不要否定、贬低孩子，更不能说："至于嘛""有什么的……""没什么……""不就……"这样的话。要实事求是地告诉孩子：遇到特殊情况，很多人都会感到紧张，这是很正常的，如果换成我，我也会紧张。关键就是使用什么方法应对紧张情绪。

孩子遇事紧张，作为父母，我们不能替他们直接去解决，也很少能为孩子提供技术上的支持，这种时候，要在精神上给他们力量，帮他们渡过紧张心理的难关。

不骂人：无论多有理，也不能出口伤人

　　受环境影响，再加上模仿力比较强，孩子在成长的过程中，说脏话的情况不可避免。更为严重的是，有些孩子不但没有觉得说脏话不对，反而将其视为一种乐趣。如果父母不正确引导，孩子出口成"脏"，久而久之，就会成为一个被人讨厌的孩子！

　　李军的儿子小凯今年 8 岁，从前的他活泼懂事，可是现在却变了。与别人说话时，经常会冒出一两句脏话，比如"你是蠢猪啊""赶紧滚蛋"等。

　　上周末，李军带小凯参加朋友聚会，小凯坐在一边摆弄着自己的变形金刚。朋友看到好玩儿，就问："小凯，你的这个变形金刚是怎么玩的，教教我好不好？"小凯高兴地答应了，之后就教他一起玩儿。几遍之后，朋友装作听不懂的模样，故意逗小凯。可是，小凯感到很不耐烦，一把抢走自己的玩具，毫不客气地说："你笨得像猪一样，赶紧滚开吧！"

　　小凯的话让身为父亲的李军感到颜面扫地，觉得儿子没有教养，急忙教育他说："怎么和叔叔说话呢？怎么这么没礼貌！"可是，儿子却不屑地看了他一眼，道："要你管，哪儿凉快哪儿待着去！"

　　李军气得满脸通红。

　　任何父母都希望自己的孩子是一个温文尔雅的孩子，于是苦口婆心地教育孩子，让他们懂礼貌，做一个文明的好孩子。可是，在现实中，像小凯这样的孩子很多，经常脏话连篇。

前段时间，一个邻居因为临时有事，打电话让我去幼儿园帮他接一下孩子。离园时，我看到了这样的一幕：

老师对一个中年男子说："小光在学校经常骂人，希望你们回去能好好地教育教育他。"中年男子急忙点头。之后，冲着身边的小光吼道："你再他妈的骂人，老子打断你的腿！"小光委屈地看着自己的爸爸。

看到这一幕，我相信孩子一定感到很委屈。为什么？因为父亲张嘴闭嘴都是脏话，句句都要加上一个口头禅。和父母朝夕相处听得多了，孩子自然就学会了。虽然孩子根本不懂这句话的含义，但在学校就会当着其他小朋友的面，模仿老爸的口气把口头禅说出来。

生活中，很多父母要求孩子懂礼貌，却总是忽视自己，每天爆粗口。要知道："心是花园，思想为种，既可繁花似锦，也能杂草丛生。"在孩子的花园杂草丛生时，父母也应当想想：我们为孩子传播了什么样的思想？如果想让孩子使用文明用语，就必须给孩子打造一个干净的语言环境，只有如此，孩子才能在父母的熏陶下，变成一个温文尔雅的人。

前几天我出门逛街的时候，遇到了小艺母女俩。因为关系比较不错，我便和小艺妈闲聊了起来。这时，小艺紧紧跟在妈妈后面，不愿意跟我打招呼。

小艺妈很着急："这孩子，怎么不叫阿姨，快叫呀！"但是，小艺一脸的不情愿。妈妈越催她，她越是紧闭嘴巴。看到这个情景，我赶紧说："小孩子嘛，也许是害羞了。"

闲聊了一会儿，在打算告别继续逛街时，小艺妈又开口了："乖，和阿姨说再见，快点！"小艺还是沉默着。小艺妈觉得自己脸上无光，当着我的面，便指责孩子:"哪有这样的孩子? 平时我是怎么教你的,完全就是个白痴!"

　　听到她这样数落小艺,我倒是有些同情她。小艺妈的出发点是好的,可是方法却值得商榷。

　　父母一般都非常在意孩子在外人面前的表现,都希望孩子遵守成年人制订的礼节:主动和人打招呼、会使用礼貌用语、有文明的言行举止等,因此经常教导、督促、提醒甚至强迫孩子懂礼貌。可是,结果呢? 孩子会不会言听计从? 一定要清楚,逼着孩子有礼貌、当着别人的面说孩子没礼貌,本来就是一种不礼貌的行为。

不自卑：正确认识自己的长板和短板

自卑，是一种因为对自己的不恰当认识而引发的自己瞧不起自己的消极心理。长期生活在自卑之中，被自卑所笼罩的孩子，会严重影响其身心发展和人际交往，这样的孩子，即使非常聪明，也会因为自卑而难以发挥出来。

2015 年春节期间，丈夫同学聚会，我和女儿作为家属也去参加。聚会上，大家七嘴八舌，谈论最多的就是孩子。

陈冰对儿子说："浩浩，你看看人家，再看看你，就是不爱学习，你真是要气死我了！"后来，陈冰恨铁不成钢地说："我们家浩浩就是不爱学习，简直就是烂泥扶不上墙。"

因为很多人都带了自己的孩子，丈夫的一个同学便提议让孩子们各自唱首歌。结果，大部分孩子都按照父母的意思唱了一首自己喜欢的歌。陈冰也想让儿子唱一首，可是浩浩向来都不喜欢唱歌，根本就不知道怎么唱，说："我不会唱歌，我跳个舞，可以吗？"

我们点点头。但是陈冰却觉得自己没有面子，说："你这个孩子，怎么连唱歌都不会，还跳什么舞？"浩浩脸红了，一句话不说，直接低头吃烤肠。刚拿在手里，爸爸就一把抢了过来，说："叔叔阿姨都没有吃，其他孩子也都没吃，你怎么这么不懂规矩？真不应该带你出来，还不够丢脸的！上一边坐着去，不要吃了，如果无聊，就拿手机听听歌。"浩浩没办法，只好默默地走到角落坐下。

我觉得陈冰做得有点过分，便在一边劝着："小孩子，不用这样，他喜欢吃什么就让他吃嘛。"一个同学叫浩浩过来吃东西，可是陈冰却说："你敢过来？你试试！"浩浩哭了，一直哭到回家。

聚会结束后，我们虽然没有和陈冰联系，可是我猜想，浩浩未来一定会发生变化，而且会越来越不喜欢在外面讲话，越来越不活泼。

现在的很多年轻父母和朋友聚会时都喜欢带着自己的宝贝，而且如果大家都带着孩子，有些父母就开始攀比，有的会说，我们家的孩子学习好，每次都考第一。这样，其他成绩不好的孩子的父母可能就会觉得自己很没面子，甚至有的会因此当着大家的面训斥自己的孩子。

攀比心在每个人身上都存在，偶尔攀比一些好的方面，不是什么大问题，可是如果孩子养成了攀比的习惯，问题就严重了。

我小侄子很聪明，可是非常调皮，很贪玩，成绩不太好。每次回老家，小侄子都会抱怨："姑姑，爸爸经常说我没有表姐好。"

的确，女儿姐姐的成绩一直都不错，也经常参加各种比赛，在同龄孩子中算是比较优秀的。但是，看到弟弟这样教育孩子，我非常不赞同。

弟弟却不以为然，总是说："如果不让他向姐姐学习，他就更无法无天了！哎，姐，你不知道，他平时有多么捣蛋，要是有姐姐一半儿好，我就不用操心了。"

听到爸爸的话，小侄子低着头，脸上露出悲哀的神情。过了一会儿，小侄子说："你们都说我不如表姐，我很讨厌她！我虽然没有表姐成绩好，但也有好的地方啊，你们为什么看不到？既然我比不上表姐，那你们就干脆别要我了。"

听到小侄子的话，我很震惊。的确如此，很多父母一厢情愿地以为，拿别的孩子与自己的孩子比，是对孩子的一种激励。殊不知，这种办法并不一定能取得良好的效果，时间长了甚至还会在孩子心理形成一种认识：我不如其他孩子好！慢慢地，孩子就会出现自卑情绪。

每个人都有自己的个性，既有长处，也有短处。对孩子来说，他们不喜欢生活在别人的光芒之下。他们来到这个世界，根本不是为了让谁有面子，也不是为了成就谁，更不是父母攀比的工具，如果那样，只会害了孩子。做父母的，千万不要拿自己的孩子和别人的孩子相比，要时时刻刻陪伴孩子成长，给孩子搭建一个属于自己的舞台。只有让孩子相信他是最棒的，他才会向着好的方向发展。

有一篇感人的文章，相信很多父母都看过。

第一次参加家长会，幼儿园老师对我说："你的孩子有多动症，在凳子上3分钟都坐不了，最好带他去医院看看。"回家路上，儿子问我："老师都说了些什么？"我鼻子一酸，眼泪差点流出来。全班30个同学，儿子表现最差，老师很不满意。可是，我还是告诉儿子："老师表扬你了，说你原来在凳子上坐不了1分钟，现在能坐3分钟了，其他孩子家长都羡慕我，因为班级里只有你进步了。"那天晚上，儿子破天荒地吃了两碗米饭，而且还没让我喂。

儿子上了小学。在一次家长会上，老师说："全班50名同学，这次数学考试，你儿子排第40名，我怀疑他智力有障碍，最好带他去医院查查。"在回家的路上，我流下了泪。可是，回到家后，我便对坐在桌子前的儿子说："老师对你充满信心。老师说，你不笨，只要细心一点，就会超过你的同桌，这次你的同桌排在29名。"说这话时，我发现儿子黯淡的眼神立刻充满了光，沮丧的脸也立刻舒展开来。我甚至发现，儿子温顺得让我吃惊，就好像长大了许多。第二天上学时，比平时走得都要早。

　　儿子上了中学。又是一次家长会，我坐在儿子座位上，等着老师点儿子的名字。因为每次家长会，儿子的名字都在"差生"的行列中，总被点到。可是，这次却出乎我的预料。我有些不习惯，临别时问老师，老师告诉我："按你儿子现在的成绩，考重点高中有点危险。"我怀着惊喜的心情走出校门，这时我发现儿子在等我。路上，我扶着儿子的肩，内心有种说不出的甜蜜："班主任对你非常满意，他说：只要你努力，很有希望考上重点高中。"那年，我儿子果然考上了重点高中。

　　最后，儿子顺利地考上了名牌大学。拿到大学录取通知书的那一刻，儿子热泪盈眶，对我说："谢谢，妈妈！因为，这个世界上，只有您懂得欣赏我！"

　　故事中，母亲将普通的儿子甚至是"问题孩子"塑造成了一个懂得自爱、奋发向上的有为青年，取得了巨大的成功。仔细想想，同样的情况，换成另外一个父母，是否能成就同样一个人呢？还是只能够眼睁睁地看着孩子慢慢走向自暴自弃？

　　由此不难发现，认可孩子对于他们自信心的提升有多么重要。

7

能力教育——孩子立足社会需要的 8 种能力

Meiyou Jiaobuhao de Haizi Zhiyou Buhuaijiao de Fumu
Gaibian Jiaoyang Fangshi Xionghaizi Bian Guaihaizi

这是一个崇尚能力的时代，

在教育孩子的过程中，一定不能忽视了能力的培养。

具备了一定的能力，不仅学习成绩会提高，孩子心理发展也会更健康。

生活能力：没人会帮你一辈子，一定要学会自食其力

　　父母皆爱孩子，但是这种爱需要放在心上，而不能放在双手。替孩子打理生活，事必躬亲，包办代替，未必是好父母，因为孩子总有一天要离开你独立生活。授人以鱼不如授人以渔，教会孩子独立生活，才是真正的爱！

　　佳佳从小衣来伸手、饭来张口，全家人只有这么一个宝贝，父母对她疼爱有加，从来都不让佳佳做任何家务，她的自理能力非常差。

　　有一次，幼儿园午饭的时候，每个小朋友都得到一个熟鸡蛋，但是佳佳因为不会剥蛋壳，鸡蛋没吃成，最后把鸡蛋带回了家。老师告诉佳佳妈："佳佳自己不会吃饭，老师不喂，她就不吃，看着饭就发呆……大小便从来都不会提前说，老师每天都要提醒她，可她几乎天天尿裤子。"

　　更加让人担忧的是，佳佳今年已经 6 岁了，但是连穿衣服、脱衣服这样简单的事情都不会做，每次都得让父母帮忙。眼看就要上小学了，佳佳妈真替她发愁……

　　不知道大家看到这样的孩子是什么感觉？好笑？我觉得更多的是可悲。如今的孩子都是集万千宠爱于一身，可为什么却失去了生活能力？

　　有些父母认为，孩子的主要任务是学习，至于生活，父母能够帮助。殊不知，如果孩子连自己的生活都处理不好，怎么去处理其他的事情？为孩子事必躬亲，

亲力亲为，包办代替，将自己对孩子的好都表现在手上，是不利于培养孩子独立生活能力的。对孩子好，应当在心中，不在手上。所谓爱，就是给孩子一双翅膀，让其自由飞翔！

在妞妞两岁时，我就尝试着让她自己穿衣服、穿鞋、戴帽子。戴帽子比较容易，但穿鞋子，对两三岁的孩子有些难。妞妞总是分不清左右，每次都需要我耐心地在旁边告诉她应该怎么穿。

看着我这样，开始时，婆婆很不理解，总是说："孩子那么小，帮帮不就得了？还节省时间。"我每次都会给婆婆解释，而且我从来没有帮过妞妞。

在我的"懒散"下，妞妞3岁时就可以自己吃饭、洗脸、刷牙、穿衣服、上厕所……等到上幼儿园时，生活完全可以自理。

我还记得她第一天上幼儿园放学时，老师都很惊讶，说："你家妞妞简直太棒了！看着她自己做得井井有条，都不忍心去打扰她。"

后来，妞妞长大了，我就开始让她尝试干更多的事情，4岁洗袜子、5岁倒垃圾、8岁学着做饭……如今，每到星期天，女儿都要自己洗衣服，帮我收拾家务。

古人都说"父母之爱子，必为之计深远"，身为父母，爱孩子，就必须为孩子的将来打算。古人都能明白，我们怎么能够不懂？

我国著名的教育专家陈鹤琴先生说："凡是孩子能做的事情都应该让孩子自己做，不要替代他。"在日常生活中，要本着"父母放手，孩子动手"的原则，培养孩子的自理能力，让孩子做一些力所能及的事。要根据孩子的兴趣和能力，因势利导，通过具体、细致的示范，从身边的小事做起，教孩子一些自我服务的技能。

一次，我去一个朋友那里办事。下午时，朋友接到她7岁儿子打来的电话。

儿子在电话里和她说，他已经把米饭焖上了，正在炒菜呢，发现冰箱里没有西红柿了，让朋友回去的时候能不能顺道买几个。当朋友将这些内容告诉我时，我很吃惊。一个 7 岁的小男孩，怎么懂得妈妈没有回家时就主动做饭？

我问朋友是如何做到的？朋友说，儿子上了小学后，每次做饭，她都会把儿子叫到厨房，告诉他哪些菜怎么做。有时，她下班回家晚了，就会打电话让儿子去做她教过的那些菜，做好再等妈妈回来吃。慢慢地，儿子回家只要看到妈妈不在，就会自己做饭吃。

"我儿子不仅仅能自己做饭，在我身体不舒服时，还懂得照顾我。有一次，我有点儿头疼，在沙发上躺着，儿子就给我倒了一杯水，并给我的身上盖了毯子，自己才写作业去了。"

"这孩子真是太棒了！"听到这里，我不禁感慨。

朋友笑了笑，接着说："我儿子还会自己洗衣服、刷鞋。小伙子长大了，也爱干净，经常一天一换。最开始时他不会洗，我就耐心地教他，慢慢地，他就学会了。"

让孩子学习做家务，等长大后，他们才具备独立生活的能力。孩子自理能力如何，直接取决于父母对孩子的态度，如果想让孩子具备生活能力，就要让孩子参与家务管理，让孩子做一些力所能及的家务事。比如穿衣服、整理床铺、洗自己的袜子、整理自己的房间等。

而且在孩子成长的过程中，家务劳动与孩子的动作技能、认知能力的发展以及责任感的培养密不可分。所以作为父母，不要小看做家务，适当的时候引导孩子参与进来，越早给他们机会，他们也才能越快拥有一双勤劳的双手，越早养成自力更生的意识和吃苦耐劳的精神。

学习能力：授子鱼不如授子以渔，方法比成绩更重要

未来的社会，不但要有知识，更要有学习能力。学习能力伴随孩子的一生，是其工作、学习、生活的基本能力。因此，父母一定不要将眼光局限于孩子的成绩上，而是更多关注孩子学习能力的提高！

李廷成绩优秀，人品好、相貌好，是老师眼中的好学生，父母眼中的好孩子。

一天李廷做作业时，遇到一道难解的数学题，便拿着作业本问爸爸："爸爸，这道题怎么做？"爸爸一看，这是一道方程题，想了想，按照题意一步步写出了算式，每写出一步，就给孩子解说一句。写完算式，李廷高高兴兴地往本子上一抄，作业就算完成了。

几天后，李廷做作业时，又遇到了类似的问题，可他还是不会做，又问爸爸。怎么回事？爸爸有点生气，可是仔细一想，才明白：把答案直接告诉孩子，孩子没有经过思维过程，接受的只是现成结论，没有真正理解，印象不深。

爸爸改变了对他的辅导方式，采用反问的方法，让孩子自己思考，自己回答。而且，孩子光"嗯"一声不行，还要讲出道理来。

作业的答案并不重要，重要的是提高学习能力。即使父母知识再渊博，也不能替代孩子学习。

未来的社会，学会学习比掌握知识更重要！联合国教科文组织在《学会生

存》一书中指出：在未来社会，文盲将不是不识字的人，而是那些不会学习、不会自行更新知识的人。是否具有学习能力居然被提高到是否要被列入文盲的地步，可见学习能力对孩子一生的重要性。

很多孩子遇到疑难问题时，总希望父母给出答案。父母对孩子有问必答，虽然可以解决当时的问题，可是从长远来看，孩子就会很依赖父母，遇到问题时，不会独立思考，不会自己寻找答案，对发展孩子智力没有好处。

娜娜学习成绩很好，但是有些功课学得比较吃力。有一次妈妈洗漱完毕，准备睡觉了，娜娜仍然伏在桌上。

妈妈边问边朝娜娜走去。"你做什么哪？"

娜娜说："代数。算不出这道题。"

"用不用我帮你看看？"

娜娜说："不用，我自己想想吧！"

半小时后，娜娜还没想出详细的解法。妈妈看了看题，给娜娜一个提醒，然后让她顺着思路自己思考。最后，娜娜终于做出了正确答案。

第二天，全班同学中，只有娜娜的这道数学题做对了，并且步骤最详细。

聪明的父母在面对孩子遇到问题时，都会启发孩子独立思考和分析，让他们自己去寻找答案。在寻找答案的过程中，孩子的思维能力就会得到提高。如果孩子在独立解决问题的过程中不知道该怎么办，父母就要给他们进行示范，帮助他们查阅资料或者告诉他们方法等，总之，让他们自己去想，锻炼他们思考问题和解决问题的能力。

学习的关键是技巧和方法，好的方法可以事半功倍，错误的方法则会事倍功半，因此，要让孩子掌握有效的学习方法。

记得在妞妞快上小学一年级时，为了让她更好地掌握学习内容，我对她说：

"我们做一个有意思的游戏，好不好？"

妞妞一听游戏，立刻就来劲了，高兴地说："好呀，什么游戏呀？"

我取出来一本书，说："我听你们老师说，你喜欢看故事。现在，我要考考你。"

听到我要考她，妞妞更来劲儿了，说："好呀，怎么考？"

"我手里拿的是一本小学生看的书，不知道妞妞能不能看懂？"

妞妞怀疑地看着我，接过书一看，原来是小学语文课本。之后，她就顺手翻看起来，里面的小故事吸引了她的注意力。

我说："这样，每天你只看一个故事就行，看完一个就给我讲讲。还有，要留意那些不认识的字。"

"好的。"妞妞欣然答应。

我还特意给妞妞准备了一个漂亮的小本子，专门让她把那些她不认识的字和不懂的词句记下来。经过这样的不断练习，妞妞上了小学之后，语文成绩一直排在班级前五名。

掌握正确的学习方法，不仅能够减轻孩子的学习负担、提高学习成绩，还可愉悦身心，让孩子爱上学习。就像我让妞妞做好预习一样，如果孩子能够对将要学习的内容做到心中有数，就可以提高听课效率；学过之后及时复习，就会更加扎实和巩固所学知识。

交往能力：人脉是财富，朋友是效益，让你一生受益

　　无论是生活还是工作，我们时时刻刻都处在一个群体之中。可是，很多孩子不善交际，不懂得怎样与老师、同学相处。作为父母，千万不要认为倾听孩子、关注孩子的内心世界是没必要的，一旦他们习惯性沉浸在自己的世界时，就会变得孤僻。

　　在一个座谈会上，一位妈妈向我抱怨："我女儿平时在家挺爱说的，可是看到陌生人之后就一句都不敢说了。在学校也是，她根本不会主动和同学说话，更不会与同学们一起玩。上课时，她也不敢举手发言；即使站起来回答问题，声音也像蚊子一样，小得听不见。下课后，从来不出教室，一个人缩在角落。几天前，老师因为作业的事找她谈话，原本是一件很平常的事情，可是她却不愿意上学了，好说歹说，终于说通了，可是她的学习成绩也不断下降，怎么办？"

　　听了她的话，很多父母都开始附和，一位老人也站起来说："我孙子陈陈正在上二年级，在家时很懂事，也会帮我们做一些力所能及的家务，是一个实打实的乖孩子。可是，有一点让我们很担忧，就是他不愿和别人接触。他爸妈让他去找同龄的小伙伴玩，他不去；家里来了客人，他也不和客人打招呼，躲在屋里不出来；老师也反映，陈陈在校不爱言语，总是一个人独来独往。"

　　交往能力被普遍认为是通往成功的必备素质。只有懂得交际，善与人交往，

才能和别人熟悉，进而成为朋友，遇到困难的时候，才会得到更多人的鼓励和帮助。反之，一个不懂交际的人，现实生活总会处处碰壁，被人挤对，更别说会得到别人的照顾和关心了。

三年级时，妞妞班里来了一个新同学，老师将他安排跟妞妞同桌。开始时男孩很局促，对妞妞有一定的戒备心。妞妞也不喜欢老师给她安排的这个新同桌，对忽然来到身边的男孩很冷漠。

回到家里后，妞妞跟我讲她的"烦心事"，并且希望我跟老师提提，将那个男孩重新安排一下座位。

听到妞妞的不满，我让她换个角度去想想："如果你的同桌也不喜欢你，你会怎么样？"

妞妞如实地回答："难过。"

"对啊，现在你不喜欢这个新来的男同学，还要求老师重新给他调座位，他的心里是什么感受？"

"他肯定也会难过的。"女儿忽然意识到了自己的错误，说话声音越来越小。

"对啊。到新环境中，周围都是陌生人，没有朋友，如果这个时候你让老师把他调走，他肯定不开心，会感到更加孤独的。"顿了一下，我接着说，"反过来，只有学会关心别人，别人才会愿意跟你做朋友。不管是谁，都不喜欢和'冰块脸'做朋友。"

第二天，妞妞去上学，走之前还拿着自己心爱的文具盒，说要送给那个新同桌，并且为昨天的冷漠态度向新同桌道歉。

换位思考对方的心情和感受是孩子懂得与他人相处的一个途径，让孩子站在对方的角度去想问题，他们才不会以自我为中心，从而理解对方的需要，进而做出更加友善的行为，拉近彼此的关系，增强交往能力。

上大学时，李可一直努力学习，每天都在宿舍、教室之间往来。读了研究生之后，指导教授看到他基础知识掌握得不错，又踏实肯干，就让他参与了自己的一些研究项目。为了做完这些项目，李可总要走出校门，到外面的实验室做实验。

一天，教授忽然接到一个电话，是李可所在的实验室打来的。电话中，实验室的人对教授说："你为什么要派李可来呢？"

教授觉得非常惊讶："因为他在我们这里成绩最好。"

研究员也很惊讶，问道："是吗？但我们一点都看不出来，觉得这个人很孤傲，很难相处，跟我们无法沟通，一点都不懂得尊重……"

结果，李可因为不尊重别人，不懂跟大家如何交往，被实验室的人排斥。

听到这个消息，李可的母亲热泪盈眶，说："都怪我！你小时候，我们只看重你的学习成绩，忽视了你的人际交往！"

在现实中，很多父母都忽视了这一点，认为孩子小，不急着学这些技能，事实证明，这样想是不对的。一个人要想在社会中很好生存，就必须懂得如何跟人沟通、与人交往。所以，父母一定不能轻视对孩子交往能力的培养，有过错误想法的父母，从现在开始，改变之前的教育方法，寻找机会带孩子去人多的地方，并鼓励他们跟同龄人交往。

表达能力：抓住关键期，培养孩子的表达力

语言表达能力是孩子思维和智力发展水平的一个重要标志。前苏联教育学家苏霍姆林斯基曾说："语言是智力发展的基础，也是所有知识的宝库。"孩子的表达能力，直接影响着他们的成长。孩子语言表达力不强，就无法表达自己内心的真实想法，在与他人沟通、交往过程中自然会引发各种问题，甚至矛盾。

朋友有个 5 岁的儿子，非常调皮，一次朋友给我打电话，大诉苦水：

月底他们幼儿园里要举行讲故事比赛，看看谁是"故事大王"，老师让每一个小朋友都准备一个故事，要求每个人都必须参加。我给儿子选了一个不长、容易讲的故事，反复练习了几天，可他还是磕磕巴巴的，一句完整的话都讲不下来。一个 3 分钟就能复述完的小故事，儿子硬是站到那里磕磕巴巴讲了近半个小时。为了让他在最短的时间里记住，我尽量把每句话都变得更加简单，还是不行。

我问儿子："你讲不下来，是不是太紧张了？"

儿子反问我："妈妈，什么是紧张？"

"就是你站在那里，觉得有点害怕，有点不好意思，有点害羞。"

"没有啊！"儿子大大咧咧地告诉我。

我不死心，让孩子天天练，持续了半个多月，终于到了讲故事比赛的那一天。

老师邀请父母观摩，结果我发现很多孩子都讲得很好，尤其是一个和儿子差不多大的小姑娘，口齿清晰，故事很长，但讲得有声有色；相反，儿子站在台上依然是磕磕巴巴的，东一句，西一句，费了好大工夫才将一个小故事讲完。

朋友一边给我打电话，一边长叹："他都5岁了，怎么连一个这么短小的故事也讲不好？"

其实，这里就涉及了孩子的表达能力。只要仔细观察，就会发现，在我们的身边，有很多不善表达、表达能力弱的孩子：本来有很多话要说，可是张着嘴却说不出来；想表达某个意思，却不知道用什么语言来表示；老师叫起来回答问题，本来知道答案，却无法做出正确的回答……这些都是孩子表达能力弱的体现。

想提高孩子的表达能力，父母完全可以将其跟孩子爱玩的游戏充分结合起来。在培养妞妞语言表达能力的时候，我就是这样做的：

妞妞到了五六岁的时候，我就开始有意识地锻炼她的语言表达能力。每天晚上，我们一家三口都会一起玩文字游戏，其中她最常玩的那就是成语接龙、绕口令等。

记得第一次玩成语接龙的游戏时，由于妞妞比较小，我们对她也就没有提什么太多的要求，只要通顺即可。由于是第一次，妞妞跟不上节拍，玩了几次之后，她自己就悄悄记下了许多成语。

　　当然，除了这些，我们还很喜欢绕口令，比如：国国和哥哥，树下分具果。哥哥给国国大果果，国国把大个给哥哥。哥哥让国国，国国让哥哥。都说自己要小个，外婆见了乐呵呵。

　　一开始妞妞将自己绕晕了，一口气下来，弄不明白说的是果果、哥哥还是国国，最后大家笑作一团。渐渐地，练习多了，妞妞的口齿越来越清晰，许多比较长的、很难的绕口令，她也可以清楚地读下来了。

　　文字游戏是锻炼孩子语言表达能力的最好方式，如果想改善孩子的语言表达能力，完全可以尝试一下。其中，最常用的主要有以下三种：

　　（1）绕口令

　　根据孩子的实际情况，有选择性地教孩子绕口令。这样，不仅可以锻炼孩子的口头语言表达能力，还能锻炼孩子的思维敏捷和清晰度，自然对记忆力的锻炼也大有益处。

　　（2）以字找词

　　以字找词，就是用一个中心字寻找相关的词。比如，根据一个"电"字，就能够找到许多与"电"相关的词，如"电灯""电扇""电视机""电冰箱"等。这对于丰富孩子的词汇，培养孩子发散思维能力，非常有用。

　　（3）接字游戏

　　接字游戏，就是要将所有的词前后相连，形成一串词，和成语接龙大同小异。比如："电灯"下面可以接"灯泡"，以此类推为"泡泡糖""糖果""果实"等。

　　有的孩子喜欢听故事，甚至晚上睡觉前不听妈妈讲故事就睡不着。在培养孩子语言表达能力的过程中，我们完全可以将这些小故事充分利用起来，引导孩子自己讲。时间长了，孩子的表达能力自然会逐渐提高。

　　在我们家的书房，有一大堆卡片，都是妞妞小时候玩的，有的是从书报上剪下来的，有的是她自己亲手画的，还有的仅仅是几个字而已……这些卡片，每张都有一个故事。

每张卡片上都有一个场景、图案，每次我都会尝试着让妞妞根据图中的事物编故事。开始时，她只能说一句话，后来就成了两句，慢慢地越来越多，在七八岁时就可以根据一个简单的图片或场景说上百个字了。

其中，有一张大海的图片，开始时妞妞只能简单地陈述"好美丽的大海，我喜欢在海里面游泳"，逐渐地就加上了自己的联想，什么美人鱼、海底世界等。

日本木村久一说过这样一段话："对于幼儿，没有比故事更为重要的了，因为孩子是这个世界的生客，这个世界对他是个一无所知的世界。"实践证明，故事对于孩子的感知、注意、记忆、思维、想象等心理活动，对于孩子个性品质的形成，都具有重要的作用。同时，故事也是孩子语言发展的"激素"，更容易被孩子理解和接受。

在听父母讲故事的过程中，不要让孩子单纯当作听众，完全可以让他们主动参与进来。一个故事讲完了，让孩子根据他的理解复述一遍，或者父母给开一个头，让他们接着往下编。过程当中，父母要做的是引导孩子将故事编得合情合理些，尤其要注意孩子的思路是否清晰，表达是不是准确流利，必要时加以纠正。

适应能力：不能改变环境时就调整心态去适应

在孩子的成长过程中，总会经历环境的变迁，入学、转学、换老师……适应能力强的孩子，会在短时间内融入一个新环境；适应能力弱的孩子，则会不知所措，无法很快融入。孩子适应能力的强弱对提高他们的综合素质有着举足轻重的作用。

我的邮箱中有一位妈妈曾经给我留言：

我儿子 4 岁，内向，胆怯，最近转了幼儿园，每天精神都很紧张。几天前，他跟我说不想上幼儿园了，谁说什么都没用。后来，他告诉我，他不喜欢现在的幼儿园，跟老师和小朋友们都不熟。虽然之前我告诉他，要主动跟小朋友说话，跟他们做游戏，但实际上他还是无法适应，不知道如何跟陌生的小朋友相处。

我很着急，到底怎么做才可以让他很快地适应新环境呢？怎么做才能让他高高兴兴地上幼儿园呢？

孩子之所以会出现这种情况，就是因为对新环境比较陌生，适应能力很弱。父母在这方面一定要多加关注，一旦发现孩子适应能力不强，就要及时想办法帮助他们克服，因为孩子对环境的适应能力会直接对他们的学习和生活造成重要影响。

小时候，韩瑶不喜欢出门，即使是去亲戚家，也会觉得别扭。妈妈觉得这样下去对孩子不是一件好事，决定多带孩子出去见识见识。于是，只要一有时间，妈妈就会带韩瑶去公园、儿童乐园等人多的地方玩，同时将必要的礼仪教给她。慢慢地，韩瑶的适应能力越来越强，到了新的环境，也不觉得拘束了。后来，韩瑶不管上幼儿园还是小学，都能很快适应新环境，在最短的时间里跟老师、同学打成一片。

韩瑶上初中时，跟爸爸妈妈搬到了北京。从小县城来到大城市，对孩子来说，是一个很大的挑战——陌生的大都市、陌生的学校、陌生的同学。为了让韩瑶更好地融入，开学之前，妈妈就带着韩瑶去学校周围"考察"。此外，趁着假期，妈妈还带着韩瑶到陌生的小区、公园玩，和陌生的小朋友一起玩，和陌生的邻居打招呼……逐渐地，韩瑶慢慢接受了这个新环境。因此，韩瑶从入学的第一天开始，就摆正了自己的心态。

有些孩子来到陌生环境，会感到不知所措，无法很快融入。对于这样的孩子，父母要引导他们去发现新鲜有趣的事物，增加适应环境的能力。可以先让孩子在熟悉的环境里接触更多的人，再带着孩子走出家门，让他们在充满安全感的状态下，去接受并适应新环境。尤其是孩子在新环境中结识新朋友时，父母要对他们进行表扬，让他们获得积极的情感体验，这样他们就更能自觉融入新环境中，更好地跟他人交往。

我曾做过一个有关"孩子适应环境"的调查，在调查中遇到了这样一个孩子：

小霞上一年级，但开学没几天，就对妈妈说："妈，我不想上学了，我不喜欢班主任。"在她的眼里，班主任总是板着脸，一点儿也不温柔，太严厉……反正就是各种不喜欢，觉得没有幼儿园的老师那么好。

　　相信，很多一年级的孩子都会出现类似的问题：小学不同于幼儿园，小学老师也不同于幼儿园老师。因此，很多孩子都无法适应这种改变。在孩子眼里，老师应当是幼儿园那种"阿姨型"的老师，可是小学老师的保育色彩逐渐降低，教育成分则逐渐增加，师生关系也发生了很大变化。出现这样的状况时，父母就要引导孩子换个角度去分析，并教他们懂得尊重老师，努力适应学校环境、适应老师。

抗压能力：适当的挫折教育有利于孩子的成长

　　孩子若从小生活在掌声之中，听得最多的就是表扬和赞扬，很少经历失败和挫折，很少遭到批评的话，将来一旦遇到困难或者压力，就会一时想不开，心情郁闷，或者引发不可挽回的后果。由此看来，对孩子进行适当的抗压教育，让他们的内心变得强大，才能让他们更好地面对这个充满竞争和压力的社会。

　　明轩是个非常聪明的孩子，可也是一个相当不幸的孩子。上幼儿园时，妈妈因为车祸去世，为了弥补他的幼小心灵，家人整天都围着他转，给他好吃的、好穿的。在幼儿园，老师对其所遭受的不幸深表同情，几乎全是表扬，从来都不敢正面批评，班里有任何活动，只要他愿意，都让他参加，甚至不用参加选拔……

　　如今，明轩已经 8 岁上二年级了，因为之前家人和幼儿园老师的过分疼爱，他没遇到过一点挫折，所以现在他无法忍受老师的批评、同学的拒绝。有时候，老师一个批评的眼神会让他整天闷闷不乐，因为失去一个展示自己的机会而闹几天情绪，因为家人无意的一句话而大吵大闹……

　　生活中不如意的事情十之八九，遇到生活打击时，如果没有一定的抗压能力，的确会在这些打击面前一蹶不振，甚至会引发意想不到的恶果。

　　2013 年 1 月 6 日，集美大学一个大一学生从 17 楼坠亡；11 日，"火箭班"

初一学生因学习成绩排名下降从 11 楼跳下；12 日，一位 24 岁的大学生求职不顺，与父亲吵架，在荆州古城外跳河自杀；17 日，一名初三学生留下遗书称因"害怕"不得不自杀，随后从教学楼 5 楼跳下；18 日，一名女大学生从蓟门桥西过街天桥跳下身亡，警方从她嘴里找到 5 页遗书，她在遗书中说自己压力太大了。2014 年 12 月，18 岁女孩丁双琴疑在古镇街头遭遇诈骗，留下遗书离家出走，自杀身亡……

这些悲剧之所以会出现，重要的原因就是，他们小时候缺乏必要的挫折教育，长大后因无法承受现实压力，生活、工作、情感上遇到一些不顺便心灰意冷，轻易选择结束自己的生命。面对一幕幕血淋淋的事实，身为父母的我们还要无动于衷吗？不要觉得这样的事情不会发生在自己的孩子身上，提前做好防范和引导才是给孩子最好的教育。

妞妞从小就有礼貌，成绩也好，她的绘画作品几次被学校展出，钢琴也弹得不错，所以，她总被老师、亲戚和朋友夸奖。可是，我很快意识到，在这样的环境下，她会非常容易产生骄傲心理。于是，我和丈夫便有意给他设置一些障碍，增加她受挫的机会。

有一天，我特意带妞妞去斌斌家里玩。因为我知道斌斌比妞妞更优秀，我想让妞妞知道，人外有人，任何时候都不能骄傲。

两个孩子第一次见面，很快熟络起来。可是，不一会儿，妞妞就有些不高兴了。原来，在玩儿智力游戏时，妞妞总是输。斌斌热情地邀请妞妞玩，可是妞妞却坚决要求我带她回家。

在回家的路上，我告诉妞妞说："我知道你不高兴，是不是因为玩游戏总是输？"

妞妞瞥了我一眼，没吭声。

我接着说："你知道吗？斌斌也是一个聪明的孩子，他比你小一岁，但是已经跳级了。"

妞妞开始对斌斌好奇了："是吗？那他挺厉害的。"

"是呀，斌斌非常优秀，但他从来都不会炫耀这些，做什么事情依然很努力，学习也是。"我停下来，微笑着对妞妞说，"你也是个优秀的孩子，但学无止境，所以你一定要记住，千万不能骄傲！"女儿心领神会。

任何人都会遇到困难与挫折，成长中的孩子也不例外。孩子走惯了平坦路，听惯了顺耳话，做惯了顺心事，只要遇到一些生活上的坎儿，就会束手无策，变得极度消极。所以，在平时的生活和学习中，父母不妨有意识地人为设置一些障碍，锻炼并提高孩子的抗挫能力。但是，设置障碍也是讲求方法的，如果方法不当，就达不到预期的效果。

乐乐非常好强，上小学时，在班级里总是第一名。可进入初中后，身边优秀的同学越来越多，乐乐就不那么突出了。期中考试，斌斌从第一名降到第三名。妈妈知道后，故意很生气："你这孩子，真让人失望，这次期中考试竟然下降到第三名！"

"第三名？这还叫下降？"乐乐为自己打圆场。

"可不是，曾经都是第一名，这次考了个第三，这退步太大了！"

……

乐乐的脸色越来越难看，不一会儿就站起来说："我知道我为什么下降，因为我笨！"说完，他扭头就走。

孩子遭遇失败时，反复地批评会降低他们对自我的评价，长此下去，孩子就会失去战胜困难的勇气和动力，甚至将来在遇到类似的问题时，可能会一蹶不振，最终一事无成。所以，鼓励孩子正确面对失败，帮助他们具体分析失败的原因，他们才能鼓起勇气去面对生活和学习中的各种困难。

领导能力：领导力的强弱可以预测未来成就的大小

有些父母总是错误地认为，有人天生就有领导者风范，人家天生就是当领导的料。实际上，每个孩子都可以成为领导者，因为领导能力不是天生的，而是后天培养起来的。所以，不要羡慕别人的孩子，只要努力培养自己孩子的领导力，你的孩子也可以脱颖而出！

关于孩子领导能力的缺失问题，我曾经在微博上看到这样一个段子：

小学时，妈妈说不能老跟其他小朋友玩，要好好学习。初中时，妈妈说你还小，什么都不懂，早恋是错误的。高中时，妈妈说现在是最关键的时期，绝对禁止谈恋爱。大学时，妈妈说，要在各个方面提高自己，恋爱会分散你的精力。毕业了，妈妈问我为什么不谈恋爱？工作后，妈妈问我为什么没有一点儿领导潜质、天生一个打工的料……

父母一味地让孩子争气、有出息，但请问：你们反思过自己吗？你们用心地培养过孩子的领导才能吗？没有！而正是这些从来都没有注意培养孩子的领导力的父母，却在孩子长大之后希望他成为一个佼佼者，想起来，够可笑！

中国文化博大精深，祖先给我们留下了很多智慧，比如"木秀于林，风必摧之"，虽然现代年轻父母的育儿理念越来越先进，可是类似的观念还是根深蒂固地存在我们的骨子里，以至于我们总会有意无意地表现出低调是一种美德。孩子被父母影响，多少也会变得不爱展现自己。

现在很多孩子都不愿意在众人面前自信地表现自己，比如选举班长时，讨论活动负责人时，更多的孩子表现出来的都是默默地低头不语，这是典型的领导力缺失的表现。长期这样，孩子会越来越封闭自己，乃至会造成自信感的缺失。

对于孩子来说，最能培养领导能力的想必就是当班干部。为了被选为班干部，孩子需要付出更多的努力，比如：提高演讲能力，因为要竞选演说；提高学习成绩，学习差的孩子是无法当班干部的；提高与人相处的能力，不懂与同学相处，也就无法做好班干部工作……而所有这些，都是领导者应该具备的。因此，如果想培养孩子的领导能力，最好的办法就是鼓励孩子参与班级竞选。

上周五妞妞放学回家，告诉我："下周，班里要竞选班长。"

"你有没有打算去竞选呢？"我试探着问。

"有啊，可是我把握不太大，因为参加竞争的几位同学都挺有实力的，而且其中一位之前就做过班长。"

"闺女，你这是有点不自信啊？"我笑着说。

妞妞挠了挠头，说："不是不自信，我相信自己的实力，但是也不能小看别人啊！"

听到妞妞这么说，我真的是很欣慰，点点头，鼓励她："妈妈相信你，也支持你参加竞选，不论结果如何。"

妞妞点点头："我知道，妈妈，所以这个周末，我要好好准备一下竞选演讲！"

美国作家艾里姆夫妇在《养育儿子》一书中曾说："走进男孩的世界，我们会发现，在任何场合，男孩最关心的事情就是：谁是头儿？"其实，不仅仅是男孩子，所有的孩子都一样，在他们走进一个班集体后，都会关心一个问题：谁是班干部。而且，所有的孩子在竞选班干部时，都会表现出浓烈的兴趣。

然而很多父母对于孩子竞选班干部有所顾虑，害怕他们会耽误学习。要知道，很多出色的领导者和管理者都是从小就开始锻炼的。因此，身为父母，在孩子告诉你他要竞选班干部时，一定不能扼杀了他们的这种欲望，相反要好好鼓励他们，让他们在班级中崭露头角。

况且组织能力是领导者能力的重要体现，不具备组织能力，即使当了领导，也无法取得成绩，用不了多长时间，就会从领导岗位上退下来。有这样一个试验：

一天，心理学家来到一所学校，找到一些小学生，把他们分成两组，让他们用积木进行搭塔比赛。

第一组小学生急于搭塔，取来大小不一的积木，争先恐后地往上搭，希望取得比赛的胜利。眼看就要搭到塔尖，积木一下子散落在地上，他们又不得不重新开始。

第二小组的学生没有急于搭塔，而是在一个学生的组织下，围成一圈，一起谈论如何搭塔，最后他们决定用大积木来搭塔底，中积木搭塔身，小积木搭塔尖。在那个学生的指挥下，他们分成两组，一组负责运送积木，另一组负责搭塔……

虽然第二组开始得比较晚，可是大家分工明细，很快就搭成了一个又高又稳的塔，取得了比赛的胜利。

可见，拥有组织协调能力，能够帮助孩子有条不紊地顺利完成某件事，期间还能增进彼此之间的信任和友好相处。因此，父母在平时就要有意识地锻炼孩子的组织能力，放手让孩子组织一些活动，比如大扫除、家庭聚会、郊游、购物、节假日活动等。随着时间的推移和经验的增长，孩子的组织协调能力就会越来越强，将来步入社会参加工作之后，就会很快脱颖而出，被领导赏识。

创新能力：只有懂得创新，才能长远发展

　　事物的发展需要创新，固守原有的思想不变，世界就会僵死。对于孩子来说，未来最需要的就是创造力。可以说，谁拥有了创造能力，谁就能在激烈的竞争中占据一席之地。因此，父母一定要根据孩子的自身情况，培养他们的创造力。

　　为了研究孩子的创造力问题，我曾经对幼儿园的孩子和小学生进行过这样一项调查——一个杯子可以有什么用途。结果发现，小学生的回答比较类似，最多被提及的是喝水、喝茶、倒热水暖手、透过玻璃杯可以看到东西等。可是，幼儿园大班的小朋友给出的答案却更加丰富多彩，比如扣骰子、打人、摔碎了做拼图、养鱼、栽花、当传声器、当作礼物、当玩具……

　　经过研究，我发现，幼儿园小朋友在创造力方面优于小学生，而且孩子年龄越小，思维越开阔。

　　创新能力是孩子能力培养的重要方面，只有不断创新，才可以保证在今后激烈的竞争中立于不败之地。无数事实也充分验证了，面对这个日新月异、充满机遇的世界，不创新，就落后，被社会淘汰。

　　如何才能培养孩子的创造力呢？要想创新，就离不开细致入微的观察，任何富有创意的好点子，基本上都是通过观察得来的。因此，要提高孩子的创新

能力，就不能忽视了孩子观察力的培养和引导。

在我们小区有个与众不同的小男孩，我非常喜欢他。每次在小区遇到他，他都在静悄悄地观察动物、植物。去年夏天的一天，我下班比较晚，回到小区时，已经8点多了，孩子们都在院子里成群结队地跑着打闹。唯有这个小男孩坐在小院子里，借着微弱的灯光，观察一只小蜘蛛。看到他专注的样子，我不忍心去打扰，饶有兴趣地站在他身边。

"鑫鑫！"突然一个声音传到我耳朵里。小男孩的妈妈来了，她跟我打完招呼，就对儿子说："整天盯着这个看啥，要不去玩，要不回家写作业。"

"妈妈，我的作业写完了。"鑫鑫小声地说道。

"写完了，那就去玩吧。"

"可是，我能不能观察完了这只小蜘蛛再去跟他们玩呢？"

"整天看这些，一点儿用也没有。你要是闲得没事做，就回家复习功课，要不帮我干点活儿！"

……

看到鑫鑫被妈妈数落一顿，我忍不住上前劝说："我觉得孩子做得挺好，别以为这些跟学习无关，我看你儿子将来绝对有出息，就凭着他现在有耐心并细致地观察事物。"

"你不是开玩笑吧？天天观察这个就会有出息了？"

"当然，观察力可是创新的基础。鑫鑫观察力这么强，他的创造天赋肯定也不弱，这样的孩子，将来肯定能成事。但有一条，你可千万要注意，不能再继续打击他了，要不……"

鑫鑫妈将信将疑地点了点头，一边走，一边小声嘀咕道："难怪上次老师说他思维很活跃，在家也经常会提出不一样的观点，难道是因为这个？"

观察力，确实是创新能力培养的第一步。只有学会观察，才能不断发现问题，主动探索问题的答案，并动手实践自己的设想，从而形成自我特色的创造力。因此，如果父母发现孩子爱观察，说明你的孩子正在走上创新的道路，这种时候，一定要支持、鼓励他们，千万不能打击和扼杀他们的这种行为。

除了观察力，想象力是创造力的另一只翅膀，促使创新思维的萌芽。

在妞妞很小的时候，我就注意激发她的想象力。以至于现在不管遇到什么事情，妞妞都喜欢想象，而且很多时候她给出的问题答案让人觉得匪夷所思。

包饺子时，妞妞伸着小手，一边捧着饺子，一边说："妈妈，这个饺子好看。"

"那你说，这个饺子像什么？"

"元宝！"

她坐在沙发上吃苹果，我就说："这个红苹果，又大又圆。"

她就会接着说："像圆圆的月亮。"然后咔嚓咬掉一口，笑着说，"现在成了一个不太圆的月亮。"

她在纸上乱涂乱画，根本看不出来是什么，我就问她："你画的是什么呀？"

她就会有模有样地指着画告诉我："这是房子，这是兔妈妈，这个是小花，这个是草……"

每个孩子的头脑中都有一个丰富的世界，经常问他们像什么，其实就是调动他们脑部资源，引导他们将眼前的事物和头脑中的某个形象联系起来，而这个过程就是在开发他们的想象力。有了想象力，才会有创造力。"发明大王"爱迪生曾说过："想象永远比知识要重要！因为知识是有限的，想象才是知识进化的源泉。"可见，想象力对孩子的思维开发以及创造力的培养有着十分重要的推动作用，父母一定要在适当的时机对孩子进行这方面的引导。

Chapter

理财教育——给"富"孩子的"赢"配方

现在的孩子可支配的钱逐渐增多，

没有节度乱花钱，不仅浪费，还容易让孩子养成挥霍的习惯。

最好的方法就是，让孩子从小就接受理财教育，让他们学会盘算花掉的每一分钱。

价值：正确认识钱的价值，把钱用在刀刃上

有的父母认为，金钱是万恶之源，所以对孩子闭口不谈。其实，这样的父母才最糊涂！孩子不了解金钱的用途和价值，更容易挥霍、浪费；相反，让孩子真正认识到金钱的作用，告诉他们，把钱用在刀刃上的好处，他们才会更好地加以利用。

小胖的爸爸因为做生意失败了，家里的钱几乎全都赔光了。就在父亲一筹莫展时，小胖对爸爸说："爸，明天是我们班长的生日，他跟我关系特好。你给我 300 块钱，我想请他去卡拉 OK 包厢过生日。"

儿子的话让爸爸感到异常惊愕。区区小孩，竟然要拿着钱去给同学包包厢过生日？儿子的消费观念让他担忧。他说："儿子，咱家出了一些意外，你是知道的，爸爸哪儿有闲钱让你请同学过生日？再说，同学过生日，干吗要去卡拉 OK 那种地方呢？"

儿子不以为然："我也清楚你做生意失败了，但是不至于连 300 也拿不出来吧。再说，我和班长的关系那是铁磁，给他过个生日怎么了？"

听着儿子理直气壮的回答，爸爸只能够哀叹。

看到这样的孩子，你会如何想？家里本来经济不富裕，孩子却不以为意。在这里，我们并不想对孩子的责任意识加以分析，只是想解读一下孩子对金钱

的认识。

什么是金钱？相信，当你对孩子提出这个问题的时候，大多数孩子都不会给出正确答案，很多孩子反而会给出这样的回答："钱，可以买东西。""钱，没有了，只要去 ATM 机上就可以了。"……是什么让孩子对钱有了这样的错误认识？是我们这些做父母的。因为，我们并没有将钱的真正价值告诉孩子。

孩子不知道金钱的真正价值，只知道一味地拿着钱去挥霍、浪费。要知道，金钱利用好了，可以成就人的一生；处理不当，就会毁掉人的一生。因此，如果想对孩子进行理财教育，首先就要让孩子明白金钱的真正价值是什么。

很多孩子之所以花钱无度，就是因为没有形成正确的金钱观，觉得"有了钱，就有了一切""爸爸妈妈很能挣钱，每天多花点也没事"……有了这样的金钱观，孩子不奢侈浪费才怪！

我从来不忌讳在妞妞面前谈钱，看到我的做法，婆婆说："不要让孩子过早地接触钱，否则她容易变得世俗。"可是我却觉得，孩子从小对金钱有概念，未来才能树立正确的金钱观。因此，在购物时，我一般都是用现金结账，目的就是让妞妞也能参与进来。

妞妞稍微大了一些时，我就开始给她零花钱。最开始妞妞也不懂节制，只是觉得自己手里有了钱，能够买各种各样的东西，所以经常会去超市，钱花完了就跟我要。

有一天，妞妞来到我面前，说："妈，我没有零花钱了。"

我问她："妞妞，你觉得钱能干什么呢？"

"可以买吃的、买玩具，还可以买新衣服啊！"

我又问："那你觉得钱能买来爸爸妈妈对你的爱吗？你玩沙子很高兴，这用钱能买来吗？"

妞妞想了想，说道："好像不能。"

我趁机拉着妞妞的手，郑重地告诉她："钱，很有用，但也不是什么都能买到的。它虽然可以帮我们买到东西，但是我们还有许多事情要做，对不对？"

妞妞似懂非懂地点点头。

作为父母，我们一定要让孩子认识到：钱不是什么都能买得到，它只是我们日常使用的一种工具。当孩子懂得用"一块钱"也能让父母快乐时，你就成功了。

一位已经做妈妈的朋友对我说过这样一件事：

> 有一次，我带着 5 岁的女儿去商场购物，她看好了一个漂亮而且价位不低的书包，非要买下。我告诉她，这次带的钱不够，下次再买。可是她却说，用卡呀！可以到 ATM 机去取。之前，她看过我用信用卡付账、用 ATM 机取钱，以为卡能够变出钱来。

许多孩子并不知道钱是爸爸妈妈辛苦工作挣来的，所以他们到一定年龄之后，父母不要避讳，告诉他们钱是怎么来的，并且树立正确的金钱观。

比如要告诉孩子：钱既不是从银行白给的，也不是从天上掉下来的，而是爸爸妈妈通过自己的辛勤劳动换来的；只有先付出劳动，让劳动有所价值，才能得到与之匹配的金钱；即使可以刷卡消费、可以到银行支钱，但也是以先存进去为前提的；不提前存进去，再怎么输密码，都不会变出钱来。

如果有条件或者机会的话，可以让孩子了解一下你挣钱的方式，比如带他们参观一下你工作的地方，或者自己开店，让他们利用假期在店里待上几天，让他们体会到卖出一件商品是多么不容易的事情……通过这些方法，让孩子知道钱来之不易，所以当他们手中有了钱时，他们就会下意识对钱进行规划了。

目标：提早制订理财计划更容易培养财商

　　　　教孩子理财不是心血来潮，必须有一个具体的时间规划和目标要求。因此，如果决定提升孩子财商，就不能抱着顺其自然的态度，一定要提前给孩子的理财学习制订计划。

　　孩子对金钱的意识在最初还很模糊，不知道怎样花钱，更不会想到存钱及各种理财方式。因此，在最开始给孩子零花钱时，就要培养孩子的理财意识，让孩子一步步增加理财能力。

　　周海夫妇做服装生意，家里有个 10 岁的女儿。夫妻俩平时工作比较忙，尤其是遇到节假日的时候，他们就更忙了，总要半夜才能回家。为了便于孩子学习，他们就将女儿送到了寄宿学校。因为家庭经济情况比较好，他们几乎不怎么限制女儿花钱。

　　虽然女儿才满 10 岁，手中却总是捏着几张百元大钞。只要自己需要什么东西，就会花钱去买。花完之后，就会去找他们要。夫妻二人也从来都没有拒绝过，并且还对女儿说："我们忙，没有过多的时间来陪你，需要什么，就自己去买。钱，需要多少我们都会给你。"

　　有了这样的允诺，女儿花钱没了节制。渐渐地从去小卖部，变成到大超市疯狂购物。一个 10 岁的小女孩变成了购物老手，她的房间里堆满了各种各样的高档玩具，还有品种多样的零食，很多零食甚至都已经放得过了期。

有一次，妈妈给了女儿 500 元，结果仅两天就被她花完了。女儿给妈妈打电话要钱，正好赶上生意进展不顺利，妈妈就没好气地对女儿说："刚给你的钱都花到哪儿去了？"说完，就挂了电话。

本来以为事情到此就结束了，没想到两天之后，老师联系到周海，说他女儿偷了同学的钱。周海惊呆了，这才意识到没有对女儿花钱早做控制。

理财能力是每个人都应当具有的基本能力之一，只有学会了理财，才会把钱花得物有所值。作为父母，可以有意识地安排孩子进行理财学习。比如，小孩 3 岁时教他们分辨硬币和纸币，4 岁时教他们认识钱的面值等。在孩子认识钱、接触钱，再到使用的过程中，父母应当进行一个大体的时间安排，让孩子在成长的过程中循序渐进地学会理财。

明白了理财对孩子的重要性，如何对孩子进行理财教育呢？我的答案是，要根据孩子的年龄特点对孩子进行不同的引导，逐渐提高孩子的理财意识。

这天，一个朋友跟我说了这样一番话：

我女儿 9 岁，是个贴心的孩子，而且这么小就懂得持家。每当我和她上街购物时，她都会精心打算，比如出门前做一个购物清单，购物过程中也会有意把消费控制在计划之内。即使是她很喜欢的东西，超出了预算的范围，她也会放弃。

别人都很好奇我是用什么方式教育出这么一个优秀的女儿的，其实也没什么，我无非是对孩子从小就进行了理财教育。她三四岁时，我就让她认识硬币、纸币，稍微大一点时我就时常带她一起购物，并且尝试着让她自己和售货员谈，跟收银员交易……

　　父母对孩子的理财教育是一个长远、系统的工程，需要在孩子整个成长阶段不间断地进行，因为他们每个年龄阶段对钱的认识都是不同的。与此同时，父母还要为孩子制订不同年龄段的理财教育目标，因为孩子理财能力的培养，离不开合理的理财规划。

　　我有一个美国朋友，深受美国教育的影响，在孩子很小时就给孩子制订了一份理财计划：儿子3岁时，她就开始教他们辨认硬币和纸币；5岁时，她让儿子知道钱币可以购买很多想要的东西，并告诉他钱是怎么赚来的；7岁时，儿子就能够看懂商品标签的价格了；8岁时，孩子就已经开始自己挣钱了。

　　一般情况下，美国人会鼓励孩子从小工作挣钱，教育孩子通过正当的手段取得合法收入。据调查，美国每年都会有大约300万名中小学生在外打工，他们有一句口头禅："要花钱，打工去！"有时候，父母会把自己不需要的东西拿出来拍卖，孩子同样会把自己用不着的玩具摆在家门口出售。即使出生在富有的家庭，也应该教育孩子要有工作的欲望和社会责任感。

　　所以说，时机恰当的时候，我们不妨参照美国父母的做法，让孩子接受科学的理财知识教育，引导他们正确对待金钱、运用金钱，从对金钱的接触感受中，学习自尊、自立和社会责任感。

存钱：为孩子存款，不如教孩子理财

培养孩子的财商，不仅要让孩子知道如何挣钱，还要让孩子懂得如何存钱。有时候，孩子只有先学会了存钱，花钱时才会懂得节制，不会大手大脚。教孩子存钱，父母可以给孩子准备一个储蓄罐，让他们把平时省下来的钱放到储蓄罐中，从而逐渐培养他们的存钱意识。

当孩子开始有零花钱时，引导孩子将零钱放进储蓄罐，并养成习惯，久而久之，当发现储蓄罐中有一笔数目不小的钱时，无论是孩子还是父母，都会觉得很惊喜。

过年时，小洁收了不少压岁钱。想到儿子现在已经 10 岁了，妈妈也就没有管，让他自己决定压岁钱怎么花。

大年初六，小洁约几位同学在南京路一家肯德基集合，很自豪地说："这顿饭我请客。"说完，他就从口袋中抽出几张崭新的百元大钞，交给收银员，买了很多美味的食物。可是，由于点的太多，他们吃了一半。后来，他们沿着南京路逛，来到一家名牌店。小洁看上了一件 400 多元的外衣，还买了一条裤子、两双鞋和一条围巾，花费超过 1000 元。

在同学的簇拥下，小洁带着同学又来到一个大型电子科技广场，有的同学看中了游戏机，有的看中了新款手机，最后小洁花了 900 多元买了两部新款

MP3，一部打算送给 9 岁的表妹，另一部留给自己。

傍晚的时候，一伙人又浩浩荡荡地进入一家新开业的日本烧烤店，点了很多食物，每个人平均消费 200 多。

这一天下来，小洁一共消费了 2000 多元，相当于妈妈半个月的工资了。

不知道你的孩子是不是像小洁一样，在收到压岁钱或者零花钱时胡乱消费。如果答案是肯定的，那么作为父母，你该如何处理？

如今的孩子手头上一般都不会缺少零花钱，尤其是春节期间，长辈给孩子压岁钱一直都是中国的传统。过去"压岁钱"只是一种象征性礼物，寄托了长辈对晚辈的关爱和希望。如今，随着生活水平的提高，压岁钱的"行情"也是一路上涨，变成了孩子们一笔不小的收入。

可是，对孩子来说，他们的心理还不成熟，突然有了这么多钱，一时间不知道如何支配。这时候，父母就要对孩子进行储蓄的引导了，告诉他们：有了钱，不要乱花，暂时存起来。当然，如果孩子支配的钱比较多，还可以给孩子到银行开个户头，将钱直接存进去。

妞妞 6 岁时，我为她买了一个小白兔存钱罐，并且告诉她，这是一个神奇的罐子，把硬币一枚枚地放进去，倒出来时就是一堆。妞妞非常兴奋，在家里到处翻找硬币，之后统统装进罐里，她还不停地盘算着攒够多少钱可以买什么。那段时间，妞妞对数学计算很敏感，时常会拿起钱罐摇摇。

有一天，妞妞在商店看上一个洋娃娃，一定要买。我不同意，因为它的标价太贵了，我觉得不值得。可是妞妞却说，她的储蓄罐里有钱。结果，回家一数，所有的硬币加起来只有 10 块多。

妞妞对存钱罐感到有些失望，半年多的时间，才攒了那么一点。

我知道这个时候妞妞特别希望能有一笔额外的收入，于是我就给她支着儿，告诉她可以通过劳动挣钱。"你已经 6 岁了，有能力自己挣钱买你想要的。想得到洋娃娃不难，我给你提供一个挣钱的机会，帮妈妈做家务活，连续做三个月，你就可以得到一笔买洋娃娃的钱。"

妞妞想了想，觉得这也是一个好办法，然后接连一个月都在帮我扫地、擦桌子、洗碗、倒垃圾、擦皮鞋……经过三个月的努力，她终于买到了心仪已久的洋娃娃。

储钱罐对很多人来说只是一个装钱的罐子，尤其是孩子，他们更不会想到其他用途。在我看来，储钱罐不仅可以帮助孩子存钱，还可以帮他们管理思维——为孩子准备储蓄罐，既给孩子提供了一个聚财的罐子，也为孩子提供了一种聚沙成塔的思维模式。由此可见，储蓄罐用最简单的方式启蒙着孩子的财商智慧，所以父母一定不能忽视。

懂得了存钱之后，再教孩子学会记账，让他们知道家里的开销和支出情况。长久坚持下来，孩子长大后就会变得精细有条理。

欣妍是个可爱的小女孩，妈妈每月都会给她 20 元的零花钱，让她自己支配使用。为了清楚地了解到零花钱的具体用途，妈妈要求她建立一个《零花钱支出账目本》，详细做好记录，力求做到"账目清楚"。

有一次，欣妍看到同学文文有个很可爱的"弹跳青蛙"小玩具，自己也想要，毫不犹豫地用零花钱买了一个。第二天早上，欣妍摆出一副可怜兮兮的样子，向妈妈乞求道："昨天我买了个玩具，零花钱用完了，您能不能再给我点？"

为了帮孩子树立慎重用钱的理财观念，妈妈坚决地说："不能。后果自负。"

"那能不能先预支下月的零花钱给我呢？"

"不行。"

欣妍看到妈妈坚决的态度，懊悔道："唉，早知这样，昨天就不买那个青蛙了……"说完，蔫蔫地低着头去上学了。

吃一堑，长一智。从那以后，欣妍再想花钱买东西时，总是慎重考虑。

在现实生活中，通过记账的方式对孩子进行深入浅出的理财教育，确实是明智之举，在接触钱的过程中，孩子可以树立起正确的、积极的金钱观，同时改掉以前滥用金钱的坏毛病，培养勤俭节约和理性消费的良好习惯。

在这里，我为各位父母提供一些锦囊妙计：

（1）给孩子一个任务：每天负责记录《家庭日常支出账目本》和《零花钱支出账目本》；

（2）让孩子自己有计划地管理，将每笔支出费用记清楚，比如学费、书费、购买文具费等，这样一来，孩子就可以养成管钱、将钱用在该花的地方等好习惯；

（3）如果账目清楚、用途正当，下周时，增加零花钱；反之，则减。

零花钱：合理引导不干涉，让孩子学会花钱

钱，是生活中不可回避的事，给孩子零花钱逐渐成为日常生活的一部分。不给孩子零花钱，看似很好，但却是对金钱教育的一种回避；给的太多，则会让孩子养成挥霍浪费的坏习惯。因此，给孩子零花钱也是一个大学问，父母必须把握好这个尺度。

想到自己是从缺衣少吃年代走过来的，小虎妈便下定决心：绝对不让孩子太寒碜！所以，在小虎上二年级时，就开始给他零花钱。在最开始时，每周10元，仅过了三天，小虎就喊钱用完了；之后就涨到20元，小虎还说不够。小虎频繁地找妈妈要钱，妈妈也尽量满足。

三年级时，老师告诉小虎妈："小虎上课时思想不集中，喜欢做小动作，成绩大幅下滑。"小虎妈有些着急，询问儿子是怎么回事，小虎不吭声。

翻开儿子的书包，妈妈发现了一大摞各式各样的玩具卡片。这时候，小虎才承认，零花钱都买了卡片，很多卡片都在游戏中输给了同学。妈妈很恼火，将卡片全部没收，然后警告小虎："如果以后再买卡片，就不再给他零花钱了。"

之后接连几天，小虎妈都要查看儿子的书包。还好，没有再看到卡片的踪影。不久，老师又反映："小虎的家庭作业总是偷工减料，错误百出。"

小虎妈感到很奇怪："小虎每天都回来得很晚，说是在教室里做完作业后才

回家，怎么会偷工减料？"有一天小虎妈很早就去学校接他，结果发现小虎出了校门就跑到离学校不远的游戏厅去了，小虎妈这才明白，原来小虎放学后总是三下五除二将作业敷衍完成，而给他的零花钱又有了新去向。

小虎妈十分生气，并下定决心断了小虎的零花钱。可是，小虎还是恶习不改，在没有一分钱的情况下，他还是频繁出入游戏厅。原来，同学发现他平时花钱挺大方，明白他有"偿还"能力，于是都借钱给他。

看到小虎现在这样，小虎妈悔不当初。如果她最初能够控制一下小虎的零花钱或者是引导小虎合理利用零花钱，他也不至于花钱大手大脚、不算计，并且染上打游戏的不良嗜好。

一般情况下，收到大人给的零花钱后，孩子都会很高兴，他们认为有了零花钱就可以买自己想要的东西了。可是，一个星期的零花钱能一天花完吗？花完了，怎么办？一个月的零花钱，如果一个星期就花完了，还继续给孩子吗……相信，父母都不会再给。如果想杜绝孩子将零花钱一次性花掉，就要引导孩子合理利用零花钱。来看看下面这位年轻母亲是如何教女儿学会正确使用零花钱的。

女儿刚上小学三年级，每月的零花钱几乎超过300元，是我工资的十分之一。为了让女儿学会节俭，我和她爸爸做出了很多努力，可是每次女儿一伸手，又总是拒绝不了。

女儿就像一个无底洞，每天都喊着要钱，而且花样还翻新。我要求孩子勤俭、节约、别乱花钱，可每次女儿当时同意，事后没有任何变化。后来，我阅读了一些有关教育孩子理财的书，于是就给女儿设计了一套化零为整的花钱方案，并且和她约定：每个月给她100元零花钱，购买学习用品和零食，剩下的积攒起来由她自己支配，并且要做到花钱记账，不能透支。

两周之后，女儿难过地告诉我："100元钱都花完了！"

"我看看你的理财本，帮你分析分析消费是否合理。"

女儿拿出"理财本"让我看：冰激凌5元，小魔棒面包5元，巧克力豆3元，QQ糖3元，烤肠3元……全是零食。

"你的账记得很好，但是你全买吃的了。按照协议，后半个月你就没零花钱了。下个月如果用钱买学习用品，或者学习投资，我会支持你。"

第二个月，女儿主动交出记账本："妈妈，请检查。"

我一看，上面记着：英语临摹本2元，数学练习本1元，自动铅笔1元5角……总计：18.5元。剩余：81.5元。看完之后，我感觉很欣慰，也夸奖了女儿。

知道应该把钱花在哪里之后，女儿再也不乱花钱了。半年后，她兴奋地告诉我，她攒了500多元钱。

一直以来，为了让孩子懂得节俭，父母即便付出很多努力，也不见得有任何效果。案例中的这位妈妈用心引导女儿正确、合理地利用零花钱，不失为一个明智的举措。

在这个消费的时代，孩子在学会"赚钱"之前，通常都是先学会"花钱"的。所以，在孩子开始出现花钱的行为时，与其做些徒劳无功的事情，倒不如大大方方地教育孩子合理使用零花钱，通过记录花钱的去向，教他们知道该如何使用手中的零花钱。

账户：让你的孩子从今天开始做富人

给孩子开一个银行账户，不仅可以让孩子在很小的时候就有理财概念，还可以帮孩子养成定期储蓄的好习惯。当然，除此之外，还可以加强孩子的责任感，让孩子不再挥霍浪费。

星期六早晨，东东很早就醒了。他很激动，因为妈妈要带他出门办银行储蓄卡。

因为时间还早，银行人不算多。问明来意后，银行工作人员就给了他们几张单子，让他们填。看着上面的储蓄种类、储蓄币值等术语，东东有些懵了。于是，妈妈就一一给他解释。虽然填写单子用了很长时间，但是东东却了解了一些储蓄知识。

储蓄卡很快就办妥了，出了银行大门，东东把储蓄卡握在手里，说："妈妈，我太高兴了，谢谢你！"

不要觉得东东妈的做法是多此一举，认为没有这个必要。事实告诉我们，给孩子设立一个银行账户，能够一定程度上是培养孩子养成良好储蓄、投资观念的基础。如果孩子积攒了一笔钱之后，父母不妨去银行给他们开个账户，让他们定期看到储蓄账户的金额，不仅能增强他们的成就感，还能让他们养成计划消费的好习惯。

以往，我每个月都会给妞妞一定的零花钱，逢年过节时妞妞也会收到一些。妞妞小时候也都是我替她保管，以至于她总是认为：妈妈拿走了我的压岁钱。妞妞上小学后，我还是一如既往地替她保管，然后每周给她一定的零花钱。直到有一天，我亲眼看见了朋友家对孩子的理财教育，深受影响，于是也决定带着妞妞去办一张银行卡，让小小的她学会理财。

那天，我和妞妞早早吃过饭，来到家附近的邮政储蓄，为她开户办卡。妞妞感到很新奇，一边填写单子，一边问我如何填。折腾了将近半小时，她才把申请单填好。银行工作效率很快，不一会儿所有的手续都办完了。当我把邮政储蓄卡交给妞妞时，她开心地说："妈，以后你再也不是我的银行了，我要给自己存钱。"

看着妞妞开心的样子，我还是耐心地告诉她："虽然让你自己存钱，可是你也要有个长久打算，我给你的零花钱，每个月都是固定的，如果花不完，尝试着存下来，到了年底就能用它买些自己喜欢东西了。"

在最开始的日子，我还很不放心，怀疑妞妞无法很好地存钱，于是隔三岔五地询问，慢慢地，我发现自己多虑了。

我认识一个男孩，小小年纪居然是"理财达人"，他就是小林。

小林今年 16 岁，是个老股民。他 8 岁时，为了方便他存钱理财，爸爸就给他办了一张银行卡。小林也非常争气，这几年，不但利用银行卡养成了理财的好习惯，还学会了投资。

小林的父母都是搞金融的，耳濡目染，他从小就接触到不少金融方面的知识。因为家庭条件比较宽裕，上了初中后，每个月小林都能收到 800 元零花钱，如果有剩余，他就自己存起来。

在小林 12 岁时，他的卡上已经有近两万元了，这些都是他平时积攒下来的。有了这笔钱，在爸爸的建议下，小林开始学习投资，拿出一部分钱做尝试。不仅如此，小林对股票也非常感兴趣，每天都要研究一下股市，在父母同意后，买了一部分股票……

提到投资，大多数人想到的都是成年人，其实孩子也能够做投资。所以，为孩子办一张卡，去让孩子攒钱的同时，给孩子适当的指导，让孩子学会投资，也是非常明智的。或许有的父母会说："我对投资一窍不通，怎么引导孩子？"其实，投资不仅是这些。如果觉得自己实在没有投资眼光，就让孩子将钱攒下来，日积月累，等到升学、就业、结婚、买房时，都会成为一笔不小的数目，到那个时候，也能为父母减轻一些压力。

参与：让孩子了解家庭收支，为持家奠定基础

教孩子参与家庭财务会议讨论，给孩子一个当家做主的机会，让孩子掌握持家之道，对于培养孩子的财商，是极为重要的。日常生活中，父母一定要让孩子了解家庭财务情况，并适当放开手，给孩子一个理财的实战机会！

一天晚上，一位姓罗的朋友给我打电话，说他带着十岁的儿子去逛街，儿子在商场发现了一块很漂亮的手表，嚷着要买。想起儿子有一块不错的手表，他就没有答应。好说歹说，儿子才极其不情愿地离开柜台。后来，他们又来到卖手机的柜台，儿子又张牙舞爪地想要买手机，他依旧没有答应。儿子不开心了，大声道："难道咱家真的那么穷吗？"

在给父母答疑解惑的时候，我也会将这件事情讲给其他父母听，每次他们听了都很有感触。不当家不知柴米油盐贵，不养儿不知父母恩，很多孩子都觉得，自己的父母是吝啬的、斤斤计较的，什么都不给买……而父母们则会认为，孩子今天要钱，明天要钱，一个月的花销比父母加起来的都多。其实，孩子之所以这样，主要是因为他们不知道父母挣钱的艰辛。因此，如果想改变这种状况，就要让孩子参与进来。

领到工资后或者挣到钱后，父母千万不要往银行一存了之，告诉孩子：这些

钱来之不易，让他们知道珍惜；适当时机孩子参与理财，当一次家，让他们早早明白具体的理财方法。

父母千万不要以为孩子什么都不懂，如今网络这么发达，即使我们不告诉孩子什么，他们也可以通过其他渠道知道。把孩子当大人对待，让他们参与家里的财务决策，其实就是在教给他们持家之道，对他们长大之后独立生活大有好处。

李哲上小学时就开始参与家里的财务决策，一家三口各有一票表决权，两个人同意就算通过。

有次逛商场，爸爸看上了一个手包，妈妈说手包很"土"，爸爸却很喜欢，问李哲怎么看，李哲说："我觉得挺适合爸爸的。"二比一，爸爸就买了那个手包。这件事之后，爸爸跟李哲说："谢谢你，要不这个包就买不到了。"李哲听后很得意。

李哲的妈妈是做业务的，为了方便工作，爸爸打算给她买辆车。但是，妈妈却觉得不划算，不让买。最后，李哲把赞成票投给了爸爸，理由是：妈妈方便了，就可以更好地做业务，收入也会不错。

让孩子参加家庭的财务决策，会让孩子觉得自己是家庭的一员，自己很受父母的重视，从而让孩子产生强烈的当家做主之感。不可否认，李哲爸妈的做法是正确的。如果想让孩子从小就具备理财观念，就要根据自己的实际情况锻炼孩子的理财能力。从小让孩子接触理财知识，鼓励他们参加到家庭理财事务中，对他们也是一种不错的锻炼。

有位姓吕的朋友，每个月都会向孩子公布家庭收支情况：他每个月都会拿出400元作为家庭生活费，并告诉儿子这400元要买米、面、菜、水果等。按照这个计划，400元正好花完，余数很少；额外增加东西，当月生活就会困难。儿子知道了家庭收支情况后，看到资金紧张，也就不再乱花钱了。

要想让孩子当家理财，当然要让他了解家庭的基本收入和开支。大多数家庭的收入都是相对稳定的，到了发工资的那一天，就可以将当月的收入交给孩子，同时告诉他一些基本的开支，比如房屋贷款、水费、电费、燃气费、固定电话费、手机费、网费等。此外，有些虽然数额不固定，可也是必需的，比如购置米面、蔬菜、油盐等生活费，父母的人情往来费，学习用品费用，全家添置衣服的费用等。

孩子是家庭中的重要一员，有着和父母同甘共苦的义务。只有在孩子真实了解到家庭的经济状况时，才会真正了解到，家里的钱并不是多得花不完；而不懂节制胡乱花钱，一定会导致家庭生活出现困境。所以，一定要大方地跟孩子谈谈"家底"，让他们感受到父母赚钱的辛苦，培养他们的责任感、义务感和自我控制力。

赚钱：千言万语都比不上孩子亲自体验

给孩子提供一个劳动赚钱的机会，不仅可以让孩子自己体会到赚钱的辛苦，认识到金钱来之不易，更能让孩子明白：金钱和财富不是天下掉下来的。了解到这些，孩子必然会更加珍惜眼前的财富，减少浪费挥霍。

我曾在一所幼儿园做过这样一个调查：钱是从哪儿来的？当我将这个问题说出来的时候，孩子们给出了异彩纷呈的答案：

"爸爸妈妈工作赚来的。"

"从银行里取出来的，想要多少有多少。"

"从卡里面来的，刷卡写个名字就有了。"

"从红包里出来的。"

"爸爸妈妈给的，他们有很多钱。"

……

自己不赚钱，自然就无法体会到赚钱的辛苦。让孩子看到父母辛苦赚钱的样子，是一种很好的理财教育方法。对孩子描述自己的工作情形，带着孩子参观自己的工作环境，都可以加深孩子的感知。

生活中，很多父母都会抱怨孩子乱花钱。其实，孩子之所以花钱无节制，主要是因为不懂得赚钱难。如果想让孩子不再大手大脚，就要让孩子认识金钱、理解赚钱的辛苦。父母应当让孩子懂得：金钱和家里的物质财富不是从天上掉下来的，而是父母的辛苦劳动所得；如果想得到更多的钱，就要自己付出劳动去赚取。

周末，我带着妞妞去逛商场。妞妞看中了一款高档衣服，我不给买，她就噘着嘴不理我了。看到妞妞这个样子，我忽然想起，有个同学是卖衣服的，一个好办法在我的脑海中出现。

于是，我对妞妞说："你想要买东西，我可以给你买。但是，你得先帮妈妈一个忙。"妞妞听我这么说，爽快地答应了。

"我有个同学就在这个商场里卖衣服，你先跟阿姨卖衣服，只要卖出10件衣服，我就给你买刚才看上的那些衣服，怎么样？"妞妞从来没有卖过衣服，觉得很新鲜，立刻说："好啊，卖10件衣服很简单嘛。咱们快走！"于是，我把妞妞带到卖衣服的同学那里，妞妞一本正经地跟阿姨站在一起，帮着卖衣服。

中午吃饭时，妞妞难过得吃不下东西，说："没想到卖衣服这么难，有些人过来看看、摸摸就走了；有些人比划比划，问了价格，嫌贵就离开了……阿姨每次都热情地招呼顾客，但是一个多小时过去，一件衣服都没有卖出去。一直到了中午，才有一位大妈挑了一件最便宜的衣服买走了。"下午妞妞继续和我同学卖衣服，经过努力，到吃晚饭时，她们总共卖了12件衣服。

我来接妞妞回家，对她说："走吧，妈妈答应给你买的那件衣服，咱们去买吧。"没想到，妞妞很难过地问："妈，你们都是这么挣钱的吗？"我说："是啊，没见爸爸妈妈和阿姨一样早出晚归吗？"妞妞摇着头说："妈，我不要那件衣服了，就在阿姨这里买条便宜点的裙子吧！"

很多父母都会教育孩子，花钱一定要节省，也会苦口婆心地告诉孩子："一定要省着点用啊！爸爸每天出去工作，很辛苦的。""爸妈挣钱不容易，不要再买那么贵的衣服了。"其实，千言万语，都没有让孩子去亲自体会一下效果来得好。因此，如果想让孩子了解赚钱的辛苦，就可以给孩子提供一个岗位，让孩子去实践一下。

前几天，我在书上读到这样一则故事：

有一年，父母不幸辞世，只给特奥和哥哥卡尔留下一个破旧的杂货店和少得可怜的资金。他们依靠出售罐头以及汽水之类的食品勉强维持生计。但是，他们并不甘心，不断地寻找发财机会。

有一天，卡尔问特奥："与我们经营同样的商店，怎么别人的生意就那么红火，可我们的店却这样惨淡呢？"

特奥回答说："我觉得，咱们经营有问题，如果经营好，小本生意也能赚大钱。"

"可是，如何才能够经营好呢？"他们决定去其他商店看看，学习别人的经营方法。

兄弟俩来到一家商店门口，这里顾客盈门，生意红火。门外贴着一张醒目的告示："凡来本店购物的顾客，请保存发票，年底能够凭借发票额的3%免费购物。"看了这份告示，他们明白了，对方的生意之所以如此兴隆，原因就在于顾客贪图那"3%"的免费商品。

回到自己店里，兄弟俩立刻贴了一个醒目的告示："本店从现在开始，全部商品让利3%。保证所售商品全市最低价，如果发现不是全市最低价，本店退回差价，并给予奖励。"

小店的生意一下子红火起来。兄弟二人的财富就像是滚雪球一样，不断增多。

这个故事说明，要想赚大钱，除了懂理财之外，还要有敢于行动、不畏挫折的勇气和信心。世界上没有免费的午餐，更没有天上掉下来的馅饼。任何人都想成为富翁，可要敢想、敢干，不敢冒险，小打小闹，只能赚小钱。如果想富裕起来，就不要害怕，先迈出一小步，之后再迈出一大步。

经营：超前投资，学会用钱生钱

不要认为做生意、赚钱只是父母的事，很多富翁在很小的时候就已经开始尝试经营了。作为新时代的父母，一定要尝试多给孩子讲述一点经营之道，多给孩子提供经营机会，让他们从小就懂经营！

最近，我收到这样一封来信：

我是一家中型公司的负责人，妻子是一家大型超市的主管，收入不错。我儿子12岁，手上不会缺钱花。从儿子小时，在金钱方面，我们对他就是有求必应。每次全家一起上街，儿子定然会让我们带他逛商店，喜欢什么就买什么，不管是好玩的还是好吃的，都是一路绿灯，每次都要花几百元。当然，儿子更是麦当劳、肯德基的常客。

很快，儿子上了小学。我和妻子都很忙，顾不上儿子。所以我们经常给儿子钱，让他自己在外面吃饭。结果，儿子花钱上了瘾。我们给他的钱本来是吃饭用的，可他却买了大堆的零食和玩具，并且带到学校招摇。同学都很羡慕他，他也很讲义气，一高兴就请同学吃零食，让同学玩玩具。同学们都叫他"大款""老板"，甚至叫他"老大"。

去年春节，儿子收了6000多元的压岁钱。他乐坏了，3天就花了一半。

我意识到问题的严重，建议他将这部分钱做个投资什么的，锻炼一下自己的理财能力。可是，我的建议引来了妻子的不满，说孩子过早地做投资不好，不利于健康成长。怎么办？

财商是最需要培养的能力之一，也是最容易被人所忽略的能力。对于孩子来说，更应该从小去培养，更要考虑如何去理财。财商包含两方面：第一是知道金钱的游戏规则，第二是能够驾驭金钱的风险，为自己服务。其实，财商和一个人挣多少钱并没有多少关系，而是测算一个人可以留住多少钱及让这些钱为他工作的指标。

要想让自己的钱生钱，就要学会经营。不要觉得孩子小、不需要懂经营，其实从小对孩子进行一些经营方面的引导，也会在孩子的心灵深处留下烙印。如果孩子确实有这方面的潜力，还能及早发现。

我有个做金融的朋友，在外人看来，他们一家三口都是"金融精英"。孩子是如何懂得炒股的呢？原来，当父母炒股、买基金、买国债时，会有意识地透露给孩子一些这方面的信息，孩子早早就明白了钱可以生钱，也有一定风险。

因为夫妻俩从事的都是与金融有关的工作，在家里也总说起这方面的知识，因此他们的儿子在不知不觉中也就学到了不少关于基金、国债这方面的知识。不可否认，对于朋友的这种做法，我是非常赞同的。现在，别看他们的儿子才11岁，可相关知识却非常丰富。一次，班里开展金融知识讲座，让同学进行发言，很多同学都摇头，只有这个孩子跃跃欲试，讲得头头是道。同学们都羡慕不已。

千万不要觉得投资、经营只是成年人的事，让孩子适当参与，可以锻炼他们的思维和眼光，将来长大步入社会，这方面的能力会为他们增光溢彩。

Chapter

梦想教育——这个世界欢迎有梦想的孩子

一个人的成功，离不开梦想的驱动。

只有爱做梦的孩子，才能有所成。

要点1：让孩子保持追梦的心

作为父母，不要偷走孩子的梦想，因为有梦想才会有成功。人之所以成功，是因为有梦想，梦想是奋斗的动力和源泉。即便现在一无所有，只要有梦想，依然有成功的希望；没有梦想，孩子只能浑浑噩噩地度过一生。

博文正在上五年级，一天爸爸在帮他收拾书包时，发现在作文《我的梦想》中，博文这样写道："我的梦想就是学习，好好学习，将来考上一所重点大学，毕业后找一份稳定的工作……"看到儿子有这样的理想，爸爸感到非常欣慰。

爸爸和妈妈都是从小县城来到北京的，经过很多努力，付出了很多辛苦，才在北京站稳了脚跟。如今只希望儿子在这个城市中有一份稳定的工作。因此，在对孩子进行教育时，他总是会围绕着这一点。

相信很多父母看着孩子一天天长大，都想象过孩子今后的模样。孩子是站在讲台上的老师，是拿着试管在专心研究的科学家，还是坐在办公室里的高级白领？因为对孩子未来的期许不同，父母之间对于孩子的教育问题可能也存在一些分歧，面对孩子未来可能遇到的"饭碗危机"和追随梦想，爸爸妈妈到底该怎样选择？

"饭碗教育"是父母最为熟悉，也是最为常用的方式，可也是最没有效果的教育。所以，在对孩子进行教育时，应当尽可能摒弃类似"饭碗危机"形式的教育，而是从小就对孩子进行"梦想教育"，让孩子意识到梦想的重要性。

今天，很多人都对企业家或成功人士表示羡慕。可是，你可曾知道，这些人之所以能够取得今天的成绩，都源于自己当初的梦想，他们的成功仅仅是将昨天的梦想变成了现实。

妞妞过 8 岁生日那天，请来很多同学，大家都很开心。

当妞妞许愿之后，小伙伴就问她："你许了一个什么愿望啊？"

妞妞神秘一笑："实现我的梦想！"

"梦想！"大家一听到这个词，就七嘴八舌地议论起来。

我在一边趁机问道："你们有什么梦想？"

一个小女孩儿回答："我想当老师。"

"为什么想当老师？"

"老师有很多知识，并且能教给我们。"

小鹏说："我要成为一名军人，像我哥一样，穿上绿军装多威武！"

一名穿着五颜六色衣裳的孩子对我说："未来我要做一名服装设计师，我对颜色很感兴趣，想设计很多衣服。"

华子说："我要做名出色的厨师。"

这时，平平小声说："我不知道自己的梦想是什么。"

我说："闭上眼睛，深呼吸，想一件你觉得非常有意义而且又很喜欢做的事情，那可能就是你的梦想。"

她闭着眼睛想了很久，之后说要当一名医生。

"你怕流血吗？"

她回答："有点害怕。"

我鼓励她道："没关系，等你长大了就不会怕了。"

……

任何孩子都有一个五彩斑斓的梦想，从女儿很小时，我就跟她谈论有关梦想的话题。妞妞对语言文字有着比较强的领悟力，语感极佳，她说："我长大后想做一名作家。"

每当到这个时候，我都会说："对，人一定要有梦想，因为拥有梦想才能成功。"

的确如此，梦想是非常重要的东西。有了梦想，也就有了希望和未来。作为父母，一定要让孩子懂得梦想是什么。只有让孩子保持一颗追梦的心，才能在梦想的指引下一步步努力。

司有和是国内第一个提出"早期诱发理论"的学者。

一年放寒假，司有和带着儿子东子一同回到家乡过年。上车前，他把自己刚编写的《中国科技大学少年班通讯》递给东子。上面介绍了很多中国科技大学少年班大学生的事迹和趣闻，可以诱发儿子要考名牌大学的人生梦想。东子在接过书后，不经意地翻了几页，就产生了浓厚的兴趣。在车上时，他一直都在看。

在乡下，东子看完了书，司有和并没有追问东子读后感，只是默默地观察孩子的变化。寒假结束后，东子突然问他："爸爸，你能不能帮我问一下，明年我能否报名考少年班？"

诱发成功了！司有和很兴奋，多少天，他都一直在等待这句话。

成功，从梦想开始，梦想是人生的灯塔。自那以后，东子学习的积极性倍增，最后自然取得了优异的成绩。

　　孩子的梦想需要诱发，因为大多数孩子都不知道自己心中的梦想究竟是什么。这时候，父母就要将自己的作用充分发挥出来了。我们的主要任务就是，诱发孩子的梦想、支持孩子的梦想、帮助孩子积极实现梦想。如此，这样的梦想教育才是成功的。

要点2：帮孩子一起发现梦想的种子

梦想是一粒种子，什么样的种子结什么样的果，什么样的梦想成就什么样的人生。一个孩子就是一粒种子，有人喜欢当医生，有人喜欢当作家，有人喜欢当科学家……我们要做的就是帮助孩子了解自己，发现梦想，然后栽种一颗梦想的种子。

2016年，小周考上了广州的一所大学。他身高1.85米，是个人见人爱的帅小伙。

从小时候开始，小周就按照爸爸妈妈的要求安排自己的人生：小学的任务就是上初中，初中的任务就是上好的高中，上了好高中就要考好大学。等到真正进入大学后，小周渴望选择一条自己想走的路。

小周在同龄人中身材比较弱小，因此爸爸就特意让他练习了一段时间排球。可是，小周不情愿，总是说："我喜欢艺术设计。"

大学填报志愿时，爸爸强行让小周选择了排球专业。可是，因为自己不喜欢排球，再加上班上的同学都是体育专业出身，每次考试小周的成绩都是倒数。慢慢地，大家就开始排斥小周。他自己也出现了一些心理问题，最终决定退学。

如今，每位父母都愿意给孩子最好的。可是，很多所谓的"最好的"是不是适合孩子？在教育孩子时，很多父母将"第一名""考清华""考北大"等自己没有实现的愿望全部强加给孩子。为子女操碎了心，担心孩子的未来，而且总觉得，为人父母就应当替子女做决定。这是不明智的。

我们应帮助孩子设定一个合理的目标，而不是强加一个硬性、难以完成的任务，因为进取向上的过程远比考满分重要得多。所以，父母的责任就是帮助孩子发现梦想的种子，并让他们的梦想种子生根、发芽、抽枝、长叶、开花、结果……

很多年前，我去武汉讲座的时候遇到一个大概 12 岁的小男孩。

我就问他，你的梦想是什么？

他说，希望自己将来很有钱。

我又问他，要多有钱呢？

他说，要比妈妈还有钱。

我告诉他，比妈妈富有，这不算什么，妈妈只是有点钱而已，你能不能更有钱呢？其实，这也是在引发他的梦想。

我接着问，你知不知道亚洲最有钱的人是谁呢？

他回答说是李嘉诚。

我又问他，未来你能不能比李嘉诚还富有？

他说，好啊。

我又问他，那你知不知道世界首富是谁？

他说是比尔·盖茨。

我继续问他，能不能超过比尔·盖茨呢？

他回答，要比比尔·盖茨还富。

……

一步步的，我便将他从"富有"引到做人要有善心、有爱心。

之后我对他妈说，要用最快的速度带他到书店买比尔·盖茨传记，而且要和孩子一块儿阅读学习。我还对孩子说，一定要把比尔·盖茨研究透，如此，他就会成为全校研究比尔·盖茨的第一人。当任何人对他问到有关比尔·盖茨的问题，他都可以回答。

在孩子建立起来梦想后，很多的问题都可以解决了。任何的父母都应当花点心思，引导孩子建立一个伟大、美好、无私的梦想，并且和孩子一同成长。比如，孩子的梦想是成为一位世界级的科学家，那要不要看世界级科学家的传记？这个时候一定要问他，喜欢哪位世界级的科学家？史蒂芬·霍金，还是牛顿？是爱因斯坦，还是其他的？孩子喜欢谁，我们就要跟他一起去学习谁。

两个中学生认识了一位生物学家。生物学家告诉他们，中国有一种叫白头叶猴的濒危动物，在我国广西只有 200 只，我们需要了解它们的生活习性，保护这些野生动物。从此，这两个孩子就有了一个梦想。从 2003 年开始，他们就利用寒暑假跟踪调查白头叶猴。

这种猴子平常很难看到，一些老猎人一辈子都没看到过。调查，困难重重。茫茫的原始森林，就是野兽和虫子的天堂。每天在睡觉之前，他们都得先抖抖被子，看看里面是不是有蛇。早晨起来，先抖抖脚上的鞋，看看有没有蝎子。一天，他们太累了。女孩一屁股坐在地上，瞬间感觉不对，察觉腿上有东西在爬。低头一看，原来自己坐在了蚂蚁窝上……

这样的事情，他们遇到的可不是一次两次，可是由于心中有一个梦想，所以他们信心十足，寒暑假都在大森林里度过。之后，两人的论文在美国纽约的世界少年科学家大会上获得一等奖。最后，男孩儿进了清华大学，女孩儿进了北京大学。

我发自内心地佩服他们，因为他们有梦想，并且实现了。

生命是有阶梯的，像竹子一样，是一节一节成长的。那么，怎样帮助孩子从小找到一个属于自己的梦想呢？这就要父母们在孩子幼小的心灵中播下各种各样的种子，文明的种子、守纪的种子、团结的种子……同时，还要播下理想的种子、梦想的种子。之后，那个属于梦想的种子就会慢慢生根发芽，就会逐渐变成孩子的理想，并督促孩子为之努力奋斗。

要点3：尊重孩子的梦想，不贬低

当孩子兴奋地跑到你面前，将自己的梦想告诉你时，尽管他的梦想微不足道，甚至有些不务正业，抑或是很卑微，但无论如何都要尊重孩子的梦想；发出鼓励的信号，不要刻意诋毁、贬低孩子的梦想！

前段时间，在帮助女儿整理书桌时，周女士发现她的作文本第一页写有一篇关于梦想的作文，女儿是这么写的：我的梦想就是多读书，读好书，做一名学霸。看到这里，周女士又气又好笑，这次期中考试，语文 82 分，数学 88 分，中等偏下水平，还想当学霸？

女儿进来，看到妈妈在看自己的作业本，生气地一把抢走。周女士就笑她："你的成绩这么差，还想去当学霸？笑死人了！"

女儿狠狠地白了她一眼："想当学霸怎么了？在我们班有很多人都想当学霸。"

"但是，学霸需要好成绩，你们班长、学习委员想想倒可以，就你那点儿成绩，当学霸，简直就是异想天开。去年，你的成绩还在 90 分以上，现在退步到 80 分，离学霸越来越远哦！"

看到妈妈说得头头是道，女儿不再辩解，因为她的成绩并不好，这是事实。

一连几天，女儿都闷闷不乐、懒洋洋的，作业和家务都不那么上心。

其实，我想说，永远都不要用成人的价值观去品论孩子的理想！对于孩子的未来，我们都寄予了厚望，都渴望他将来成为公务员、工程师、CEO、大老板……在孩子实现这些梦想的过程中，我们要做的是鼓励，而不是泼冷水。要知道，既然是梦想，就一定是高于现实的，如此孩子才会有前进的动力。

很多孩子对某份职业都有着极高的愿望，比如有的想当厨师，有的想当老师，有的想当鞋匠，有的想当工程师，有的想当作家……孩子们之所以对这些职业有着极高的期盼，通常都是因为喜欢与之相关的工作，比如喜欢当厨师的孩子可能比较喜欢做菜。可是，不管孩子有着怎样的职业理想，我们都不能冷嘲热讽。

我有一位朋友，如今在美国定居，在谈到孩子的梦想时，她这样告诉我：

小时候我不明白好工作的标准是什么，别人问我长大了想干什么，我的回答是：我想卖糖，这样就会天天有糖吃；我还想卖水果，这样就能有水果吃。但是，爸爸却告诉我，这些工作都没出息。我爸说，长大了，我可以当记者。可是，当年龄很大时，我都不知道记者的工作具体是什么样的。我想，如果他能带着我体验一下做记者，让我知道采访比卖糖和卖水果还有趣，说不定我就真的会朝着这个方向努力。

后来，我到美国定居，生了儿子。儿子对于美国的垃圾车很着迷。每个星期五，垃圾车都会到小区来。人们会将垃圾分好类，放到垃圾桶中，摆在路边。垃圾车开过来时，会用长长的铁爪子将垃圾桶抓起来，倒扣进车厢里，再把垃圾桶放下，垃圾就被收走了。

儿子每次都要追着垃圾车，跑过一个街区。他对我说，长大后，也要当一个开垃圾车的，操纵那个铁爪子。我赞赏地说："嗯，确实很酷呢！"

　　为了满足孩子的兴趣，每个周五的早晨，我都会跟他一起等垃圾车，然后带着他跟着垃圾车跑，即使臭气熏天，也全然不顾。后来，我还专门开车带他去垃圾场，看垃圾如何分类处理，垃圾车如何工作。儿子俨然已经成了垃圾处理专家，说起来头头是道，谁都不相信他只有 3 岁。

　　在美国的幼儿园，通常都开设职业体验课。老师会带着孩子去参观消防局、警局等，让孩子直观地了解工作；还会定期请某种特定职业人士去幼儿园，为孩子介绍他们的工作。比如，建筑工会带来各种工具和模型，告诉孩子每种工具如何使用、每种车有什么用途。任何一种职业，对于孩子都是活生生的。

　　身为父母，与其告诉孩子未来要做医生、做老师、做公务员……倒不如带孩子体验不同的职业，让孩子自己去发现其中的乐趣。

　　在很多父母的头脑中，都希望自己的孩子长大后能够做老师、医生、律师、工程师……听到孩子说自己想当厨师或修鞋匠，往往都会不屑一顾，甚至还觉得丢人。劳动无贵贱，任何职业的存在都有其价值，因此一定要尊重孩子的梦想。

　　小旭逐渐长大，妈妈觉得女孩应当有一些才艺。所以，妈妈决定让小旭学钢琴，并且希望她未来成为一个钢琴家；即使成不了钢琴家，也能做一名钢琴老师。

　　妈妈为小旭买了一架钢琴，并报了钢琴班。开始时，小旭对钢琴非常感兴趣，可是每天都要面对枯燥的训练，很快她就没有了耐心。每次妈妈让她练琴，她都会不高兴。

　　妈妈开始反思。一天，妈妈将小旭叫到身边，真诚地和女儿交换了各自的想法。原来，小旭真正喜欢的是画画，渴望当一名美术老师。妈妈不再要求她学钢琴，而是尊重她的意愿，为她报了一个绘画班。现在，小旭已经是高中生了，不但成绩好，画画也很好。

虽然在开始的时候，没有征求女儿的意见，可是当妈妈看到女儿并没有因此变得快乐时，就放弃了自己的想法，尊重了女儿想当美术老师的意愿。所谓兴趣是最好的老师，无论孩子选择哪条路，我们都应该去尊重、鼓励他们。

要点4：帮助孩子守护梦想，不要袖手旁观

　　每个孩子心中都有一个美好的梦想，但是梦想经不起现实的摧残。对于年幼的孩子来说，这无疑是最大的打击。现实折断的不仅是梦想，还有自信。因此，作为父母，我们一定要鼓励他、赞美他，帮助孩子守护他们的梦想。

　　这天，小天紧张地走进了我的咨询室。他扭着身子坐在我对面的椅子上，眼睛看着地面，不停地抠手指，连呼吸都轻轻地。从进咨询室开始，小天就竖起了一道高高的保护墙，为了打破僵局，我只好找一个切入点。

　　"小天，你可以试着放松一些，我们可以像朋友一样聊聊天。之前没有交流过，我对你来说就是一个陌生人，那我们就说说自己的兴趣爱好，可以吗？"小天听了点点头。

　　我做了自我介绍之后，小天告诉我说，他喜欢玩电脑，我说："不错的兴趣！很多学生都喜欢玩电脑，有些用电脑做设计，有些玩游戏，还有人很喜欢电脑编程，你喜欢哪方面呢？"

　　他说："玩游戏。"话题就此打住。

　　小天的沉默让咨询无法顺着这个话题进行下去，我只能转换话题，说道："小天，刚才我们都介绍了自己的兴趣，现在可以说说自己的理想了。"

　　小天迟疑了一下，最后还是说出了自己的理想："未来，我想靠着帮别人卖道具赚钱，除了一些游戏道具，还有 QQ 币。"

　　"这是一个很不错的想法呀。不过，等你长大了，有了家庭和负担后，想把这份工作当成养家的职业吗？"

　　"不是。"小天沉默了一会儿告诉我，"原本我想做一名体育老师的，可是……"

　　"后来发生了什么事情？"

　　"同学们都笑话我，说我体育成绩那么烂，居然还想当体育老师！"

　　从开始谈论理想的那一刻，整个咨询室的气氛完全发生了变化。在说到"体育老师"这件事情的时候，小天整个人都转身侧对着我。也许是不想让我看到红红的、蓄满泪水的眼睛，害怕我知道他压抑和悲伤的情绪。之后，小天又开始沉默了。

　　在表达了对他的理解后，我问他，以后会不会再来我这里接受咨询。出乎意料地，他答应了。

　　在这次咨询中，小天外泄的情绪告诉我，他曾经受过伤害。在孩子心中都曾拥有一个美好的梦想，但是在成长的过程中，外界的负面评论却像暴风雨一样，折断了梦想的枝芽。对于敏感而脆弱的孩子来说，被折断的不仅是梦想，还有自信。因此，我想提醒所有父母和学校的老师，在对孩子进行梦想教育的时候，一定要小心翼翼地帮孩子守护他最初的年少时的梦想，

　　小宇在一所中学上学，虽然家庭条件一般，但是却积极乐观。

　　一天，老师为大家布置了一份作业，让孩子根据自己的梦想写一篇作文。

　　小宇回家后，就开始写自己的梦想。他整整写了 7 页，详细地描述了自己的梦想。在文中，他写道："未来，我想拥有自己的一个牧马场。"小宇将自己梦

想中的牧马场描述得很详尽，甚至还画下一幅马场示意图。

第二天，小宇高兴地把作业给老师。作业批回时，他却伤心地看到老师在第一页的右上角打了一个大大的"F"。自己的功课完成得很出色，为什么只得到了一个这么差的成绩？

下课后，小宇去找老师询问原因。老师认真地说："这份作业非常认真，可是你的理想距离现实太遥远，有些不切实际。你的家庭情况不是很好，要拥有自己的牧马场，需要很多钱，你有那么多钱吗？"停了一下，老师又说，"如果你愿意仔细想想，再确定一个现实的目标，我会考虑重新给你打分。"

小宇拿回自己的作业，问妈妈的意见。妈妈看着儿子一脸的倔强，摸着他的头说："孩子，你自己拿主意吧！不过，你得慎重一些，这对你来说，是一个非常重要的事情！"

小宇考虑了一晚上，决定坚持自己的梦想，虽然老师给的成绩不好。

很多年来，小宇一直保存着作业本上刺眼的"F"。这个"F"激励着小宇，一步一个脚印不断地迈向自己的创业征程。

只要有梦，就会有希望，有希望孩子才会有拼搏的激情。让孩子坚守自己的梦，勇敢地走下去，经过多年的积累，做到厚积薄发，这样他就会比别人提前到达成功的彼岸。

妞妞小时喜欢放风筝。买了几个风筝后，妞妞突发奇想，想自己设计一个风筝。妞妞说："风筝就是神舟六号的外形，代表着我们这些祖国的花花草草飞向太空的梦想。"

看着女儿一腔热情，我当然不会袖手旁观，决定帮助孩子一同实现。但是，要让风筝成型，可不是件容易的事情。妞妞尝试了好几次，风筝都飞不起来。花费了几星期的时间，结果却是这样，妞妞有些泄气，也有一些烦躁。

不过，我看得出来，妞妞不会这样放弃。所以，我就对她说："我们已经很努力了，但还是找不到风筝飞不起来的原因！我们去找一位做风筝的师傅，向他求教一下，好不好？"

经过风筝师傅的帮忙和一步步分析，我们终于找到了原因，随后妞妞一点点改正，几次调整后，她终于把风筝放飞了。在风筝飞上天的那一刻，妞妞的兴奋程度比之前放风筝时更高。可见，无论大小，任何梦想的实现都不容易，不管遇到多大的困难，都要一步步地克服，一步步地实现。

追求梦想的这条道路并不是一帆风顺的，一些人甚至终其一生才心想事成。梦想是远大的，身为父母，一定要帮助孩子把梦想细化，每天都朝着梦想走一步，日积月累，孩子实现梦想就指日可待了。

要点5：给孩子多些引导，不要让梦想成为空想

梦想只是一种动力，行动才是保证。很多孩子也有自己的梦想，却不知道如何行动，或者在行动中偏离了目标。这样一来，孩子的梦想就只能成为空想。此时，父母一定要加以引导，帮助孩子实现梦想。

前段时间，一位父母给我讲述了自己孩子的故事：

那天，我女儿菲菲放学回到家，郑重地对我们宣布："我将来要当一名飞行员！"我和她爸觉得孩子在说着玩，就微笑着说："好，好！"谁料，菲菲居然认真地说："我是认真的！"一个女孩，如何能当得飞行员？当飞行员应当是男孩子的梦想。

4岁开始，孩子就有了独立的意愿，并且能够采取力所能及的行动实现自己的想法。5～6岁的孩子已经具备了基本思维能力，梦想对他们来说，是一种能够实现的目标，只不过，这样的目标是比较模糊的，缺乏具体规划。可是，孩子更加无所畏惧，充满了实现梦想的热情。

身为父母，应该对孩子的梦想做出适时的引导，帮助孩子树立信心，鼓励他们不断实现自己的梦想。对孩子的梦想进行指责和泼冷水，只能扼杀孩子的

热情和坚持到底的勇气。

2014年侄子球球在我家住了3个多月。偶然之间，我发现球球对动物很有兴趣，电视上只要播放和动物有关的节目，就会认真地看，还经常缠着我为他讲述关于动物的故事。

这些东西我是一窍不通，可是看到球球很感兴趣，我便买了一些相关的图书和光盘，和孩子一起看，一同研究。同时，我还会不时地对球球说："这些小动物多有趣！将这些都学会了，长大就能当动物专家了！"

"姑姑，动物专家都做什么啊？""就是研究这些动物呀！""好，那我就当动物专家啦！"我急忙道："但是，只有认真学习这些知识，才能当动物专家！"球球听后点点头，学习的劲头更足了。

为了让球球更多地了解动物知识，我还利用周末放假期间带他去动物园，带他去海洋馆观看海豚表演，还买了很多动物卡片……这样，不但丰富了球球的知识储备，也更加坚定了他的梦想。

知道了孩子的梦想后，家人一定要给予肯定和支持，帮他们认识到自己的能力。同时，还要引导他们改掉一些不良习惯，认识到学习的重要性。如果孩子的梦想还不那么清晰，就要引导他们把自己的梦想清晰地描述出来，且制订出实现梦想的详细计划。

李可上初中时，在叔叔的引导下，对电子科学产生了很大的兴趣。李可共有两个叔叔，都在加拿大，一个是高级计算机工程师，一个是电气工程师。爸爸很重视李可的理科学习，希望他能够在学习阶段就为自己将来所要从事的事业打下良好的基础。

为了让李可更好地理解未来的选择，爸爸特地将他带到原先所在的工厂参观，给他讲解了有关电气、机械等行业的基础知识。两个叔叔回国探亲，爸爸不但请他们来家里做客，还带着李可一起去他们家，让他们有更多的交流机会。而且，每到假期，爸爸都会带着李可去科技馆、航空馆。

高考时，爸爸支持李可报考了自己喜欢的专业。最后，李可得偿所愿地进入了梦想中的学校。送李可去学校报道时，爸爸告诉他："你的梦想，就是咱们家庭的梦想。"李可的学习劲头更足了。

为了帮助孩子实现梦想，父母需要做两件事情：第一，就是发现孩子究竟对什么感兴趣；第二，就是去收集信息，激发孩子的兴趣。

如果孩子的目标是想当一名老师，首先要肯定他们的想法，同时要告诉他们怎样做才能实现自己的理想，具备什么样的条件才能当上一名大学老师。这时候，就可以引导孩子将远期目标变成近期目标，保证计划的正常进行。同时，计划还要有一定的灵活性，万一遇到了新情况，能够做到及时解决和调整。

要点6：协助孩子制订一份实现梦想的计划书

对于梦想，有的孩子只会夸夸其谈；有的孩子则将自己的梦想拆分为实际可行的目标，制订一套行之有效的计划，朝着自己梦想的方向迈进，最终实现了梦想！可见，为了能更好地实现梦想，制订一份实现梦想的计划书非常重要。

拥有梦想的孩子，在未来成功的概率会很大；没有梦想的孩子，只会循规蹈矩，一生碌碌无为。

小凡是个奇怪的孩子，在她 5 岁时，经常向爸爸妈妈提出各种问题。两年之后，小凡就开始为爸爸妈妈讲新鲜事了。因为这时候的她，已经认识字，可以自己看书了。还没上小学，小凡小脑袋里装的知识就已经让妈妈感到望尘莫及。

读书让小凡插上了梦想的翅膀。她梦想开着飞船翱翔太空，登月球、火星；也曾经在获奖的作文里充满畅想地说："如果我当上一名科学家……"可是，妈妈认为小凡的梦想过于远大，有些甚至是无法实现的。实际上任何梦想的实现都需要点滴的积累，不可能一蹴而就，因此引导孩子实现梦想的时候，鼓励他们制订计划书，确立一个个的小目标，当他们把这些小目标实现了的时候，大梦想也就触手可及了。

记得一个小朋友曾经告诉我："阿姨，我的梦想是当一个科学家。"

"哦，是吗？真棒！"

"可是，怎样才能实现自己的梦想呢？"

"来，阿姨帮你！"

我们二人谈了很久。之后，在我的指导下，他制订出一个清晰的计划：未来3年，考上理想的高中。初一、初二时，将重点放在课本上。短期目标是，每周读一些有关生物研究的文章；假期时，去博物馆寻找一些资料。

计划制订完毕，他问我："可是，必须制订计划吗？"

"当然。"

聪明的人都懂得怎样将朦胧的愿望和疯狂的想象转化为清晰可见的目标。在完成了第一个步骤之后，就会很惊讶："哇，原来我的愿望这么容易实现！"将目标定得特别高远，孩子花费了很多的时间和精力却无法实现，只能挫伤自信心；可是，当我们将大目标分解成一个个小目标时，就容易实现了。

李梅家世代经商，生意做得非常大。儿子聪明伶俐，是独子，备受宠爱。李梅希望儿子长大后能够子承父业，在商业上做出成绩。

儿子不愿意辜负父母的期望，便听从父母的安排，跟着父母到公司学习。可是，他虽然天资聪颖，但对商业没有一点兴趣，不是将账目弄错了，就是躲起来去做实验。李梅看到儿子的心思根本不在商业上，就对他妥协，支持他继续自己喜欢的专业。

可是，实现梦想的道路，并不是一帆风顺的。儿子在大学学习了一年，因为实验室太简陋，无法学到最前沿的知识，他便申请转学。在新学校，经过了几年的努力，他终于实现了自己的梦想。

拥有梦想，并为之努力，总会有实现的那一天。父母在教育孩子实现梦想时，一定不能着急，父母一着急，孩子必然着急，急于求成则不成。

　　每个孩子都是从一颗种子开始成长的，将目光放长远，注重自身知识的积累，终究会厚积薄发，水到渠成。因此，一定要有足够的耐心，等待孩子一步一步地实现自己的梦想。

要点7：既要有小目标，又要有大梦想

梦想是什么？很多孩子都说考大学。但是，考上大学之后怎么办？梦想是远大的人生奋斗目标，相比较而言，考大学就显得微不足道了。大量的事实证明，把考大学作为梦想的人，考上之后，往往会陷入迷茫状态。

前两天，我问一个小孩："你的梦想是什么？"

"考上重点高中，然后再考一个好大学。"

"你的梦想就是考大学么？"

"对啊，我妈就是这样对我说的。一定要好好学习，将来考一个好大学！"

……

望子成龙，望女成凤，是每个父母的最大愿望。可是，在独生子女居多的现在，这个愿望显得多么不合理。对于很多父母来说，孩子一帆风顺就是他们的梦想。而这个梦想的实现，上大学似乎成了一条最稳当、最重要的道路。因此"考大学"就成了父母和孩子沟通时出现最频繁的词语。

可是，当孩子把考大学当成自己的梦想时，结果是非常可怕的！现在，大学校园中流行着很多消极的口头禅："无聊""崩溃""郁闷""压抑"……这些负面情绪，充斥在大学校园。为什么会出现这样的情况？原因有很多，其中之一就是，在过去，人们对高考、对大学花费了太多的心思，忽视了人生道路的选择。

孩子考上了大学之后，接下来就不知道该怎么办了，于是就陷入了深深的迷茫。

要想杜绝这种情况的出现，最好的方法就是让孩子树立一个正确的目标，比如当老师、画家等。告诉孩子，大学是实现这些目标或梦想的途径。这样，孩子们就会为了目标的实现而继续努力。

郭璇是我的大学同学，她很懂教育，她是这样给孩子确立梦想的：

郭璇对女儿的评价是："智力中等，很粗心。"她觉得，要让孩子扬长补短，以点带面，树立信心，全面发展。他发现女儿游泳不错，于是在女儿半岁后，就有意识地让她亲近水。一岁半时女儿就可以在西郊宾馆游泳了，两岁半时就拿到了逸夫游泳馆的深水合格证。2009 年，女儿 7 岁了，在一位老师的推荐下，女儿进入清华大学游泳长训班，接受了最为正规的训练。

女儿之所以能够在游泳方面不断进步，和郭璇平时经常给她灌输的"迷魂汤"分不开——长大之后要为国争光，做郭晶晶那样的冠军。如今，女儿的游泳成绩又前进了一大步。

身为父母，引导孩子确立梦想和培养特长，是密切相关的。培养孩子的特长，需要从小开始，这个道理已经被大家接受，可是很多人却不知道如何去做。很多父母在给孩子确立梦想时，都会告诉孩子"一定要考上某重点大学""要考一所好大学"。

能将考上好大学当作是孩子的理想吗？教育孩子树立理想就是为了考上好大学吗？答案是否定的！考上好大学不能作为家庭教育的目标，更不能作为孩子的理想。将考上好大学当作孩子的理想，在该理想实现后，孩子还能做什么？很多孩子都会陷入迷茫状态。

晗玥读小学六年级时，课业负担适度，成绩优秀，压力不大。可是，忽然有一天，晗玥问爸爸："为什么非要上学念书啊？"

　　听到这番话，爸爸感到非常惊诧，一时间不知道说些什么好。孩子那张天真无邪的小脸上写满了对人生的茫然和困惑，爸爸想了想，问他："那你想干什么？你能干什么？"

　　做父母的，一定要及时知道孩子的兴趣在什么地方，特长有哪些。父母不观察、不了解、不思索，忙碌上几年，缴纳的学费不计其数，可是孩子却一事无成、一无所获。只有根据孩子的兴趣确定梦想，才能通过不断的努力，一步步实现。

要点8：不要将自己未实现的梦想强加给孩子

中国的父母大多总喜欢将自己没有实现的愿望强加在孩子身上，大量事实证明，这样只会成为孩子的一种负担。孩子不是你生命的延续，他是一个独立的个体。对于梦想，我们要尊重孩子，不要让孩子替我们去实现梦想，要让他们走自己的路！

周末，我去看望一个怀孕的朋友，她已经有了 5 个多月的身孕，我到她家时，她正在听钢琴曲。

朋友对我说："我小时候非常喜欢钢琴，但是家里很穷，所以也只能将愿望藏在心里。怀孕后，我憧憬宝宝的未来，灵机一动：不如让孩子学钢琴。所以，我每天都会让宝宝听钢琴曲胎教。"

朋友的这些举动，我不知道该如何形容，这是不是正确的胎教呢？还是将自己实现不了的愿望，强加在孩子身上？

很多父母总是潜意识之中把控制欲放到了孩子身上，将自己未尽的心愿强加给孩子，占用了他们自主成长的空间，给他们的成长带来不必要的心理负担。其实，孩子是有自己的思想和打算的，不是实现父母梦想的工具，他们有权利去做自己喜欢的事。将愿望强加给孩子，孩子自己的愿望如何实现？

在丁丁七八个月时，有一天妈妈发现女儿看"飞越时空"节目时目不转睛，兴趣极大，对其他节目却不屑一顾，并且经过一段时间的观察，她发现女儿确实是对这类节目感兴趣。之后，丁丁妈便逐渐地为他买了一些相关的图册和VCD，一有机会就会带她去科技馆、博物馆，甚至带她到海边观看真实的海洋动物以及它们生存的世界。

不得不佩服丁丁妈的细心和她对孩子兴趣爱好的尊重。如今，许多教育都带着功利性，不管是幼儿阶段的特长培训，还是小学阶段的艺术学习，或者是中学阶段的课外辅导班，很多父母和孩子的选择都忽略了内心的兴趣，钟情于考试成绩，甚至是对他人的模仿以及对社会潮流的盲从。丁丁妈的举动其实启示我们，孩子是特殊的存在，只有顺应孩子喜欢的方向发展特长，才能够达到事半功倍的效果。

一次我去找妞妞的老师了解妞妞的情况，在办公室还有其他几位老师，她们在谈论教子问题：

米老师说："最近一段时间，我闺女不知道怎么了，每次到了要上钢琴课时就会捂着肚子说疼。开始我以为是头一天吃得不对，就带着她去医院检查。结果，任何毛病都没有。回家之后，孩子又是看电视又是吃零食。但是下周、下下周又是这样，直到昨天我无意中看了女儿的日记，才明白问题出在哪儿。她在日记里说她感觉很累，每到周末都想好好睡个大懒觉，然后看看电视，玩两天。可我非让她上钢琴班、书法班。看到其他小朋友无忧无虑地玩耍，她都非常羡慕，于是装病骗我。一个二年级的孩子就知道装病骗父母，真是非常气人！"米老师非常生气。

另一个老师直言不讳地告诉她："你女儿还算客气，我们小区有个女孩比你家孩子高一年级，家里挺有钱。爸爸看朋友家的孩子钢琴弹得好，就给她也买了架钢琴，要求孩子学钢琴。女孩对钢琴没什么兴趣，再加上功课紧张，结果不仅仅钢琴没学好，学习成绩也下滑了。有一天，女孩恨恨地说：'如果以后再逼着我学钢琴，我就把钢琴烧了！'这一下两口子都老实了。"

"那么，问题到底是出在孩子的身上，还是父母身上？"米老师感叹道。

我觉得：问题出在了父母身上。父母没有征求孩子的意见，就将自己的要求强加到他们身上。米老师、小区的那位爸爸都是如此。他们觉得钢琴好，能够陶冶情操，可是却不问孩子是不是感兴趣，结果被孩子抵触。

孩子从出生时起，就有了自主需求，这是他们的本能。一味要求他们做自己不喜欢的事情，总有一天会引发他们的抵触心理，进而出现抵抗行为。因此，了解孩子的兴趣爱好，如果合理，不妨投其所好，让他们专注做自己喜欢的事，加以引导，终有一天，他们的兴趣爱好会成为他们的一技之长。

Chapter

安全教育——为孩子保驾护航，让生命茁壮成长

Meiyou Jiaobuhao de Haizi Zhiyou Buhuijiao de Fumu
Gaibian Jiaoyang Fangshi Xionghaizi Bian Guaihaizi

生命只有一次，

不管如何，都不能忽视了生命教育。

让孩子懂得珍爱生命，学会爱自己。

告诉孩子：生命只有一次，要珍惜

　　不得不承认一个事实，那就是现在的孩子大多视生命如草芥，动不动就拿生命开玩笑。要知道，对于每个人来说，生命都只有一次，父母要教孩子认识到这一点，跟生命相比，任何生活上的不顺心都微不足道，都会在时间的长河中消逝。

　　下午，妞妞急匆匆地从学校跑回来，说附近的某中学有人跳楼了。看着她很害怕的样子，我赶紧将她搂在怀里。妞妞小声地告诉我："我听别人说，是两个人一起跳的，从教学楼五层，刚参加完高考，可能是成绩不太好吧……"

　　可以说，这样的事情，已经在我们生活中屡见不鲜了。两个鲜活的生命，就这样眨眼间没了，实在令人心痛惋惜。而且现实生活中这样的例子也不少：

　　湖北有个中学生，父母对他希望很大，要求非常严格。这个学生的成绩非常不错，可是似乎父母还是不满意，以至于他经常和父母闹矛盾。终于有一天，这个学生在"无奈"的情况下卧轨自杀，实现了所谓的"解脱"。

　　16岁学生陈某用亲人给的压岁钱长时间打电子游戏，一天晚上，家人对其进行教育。后来，陈某进入家里的卫生间，久久不出来。家人发现情况不对，进入卫生间，发现陈某已用两条毛巾把自己吊死在了水管上。

　　河南有一个高三学生，高考估分不理想，在家里自杀。可高考成绩下来时，他的高考总分超过本科分数线33分。

……

是什么让这些孩子如此轻视生命？在我们身边，很多孩子都掉进了轻生的陷阱，在我们寻找各种原因的时候，为何不问问自己，你是如何对待孩子生命的？当孩子心理出现问题的时候，你为何没有及时对孩子进行生命教育？

生命教育也是家庭教育的一个重要方面。虽然今天的生活水平大大提高，但孩子的抗挫能力却普遍越来越弱，对于生命的意义不甚了解，只要觉得自己受了委屈、成绩不理想、感情受挫……就会灰心失望，甚至结束自己的生命。所以，父母一定要吸取教训，在对孩子进行素质教育时，一定不能忽视了生命教育。因为，没有了生命，一切都是零。

周末，我们一家三口出去逛街，在广场上看到一个人在卖小鸡崽儿。差不多二三十只小鸡崽儿装在一个竹编的大篮子里，被染成红、绿、蓝等各种颜色，叽叽喳喳地挤在一起，非常可爱。

我问那个人："为什么都涂了颜色？"那个人说："这是卖给城里孩子养着玩的，涂上颜色更好看。"妞妞一听这是"玩具"，眼中放出亮光，请求我："妈妈给我买一只吧！"

我还没有开口，丈夫已经蹲下开始挑选鸡崽儿了："这小玩意儿，可比变形金刚有灵性多了。多买一些给孩子玩玩吧！"妞妞一听更高兴了，也蹲下和爸爸一起去挑鸡崽儿。

但是我依然觉得不妥，拉起他们说："不买，走吧！"女儿很失望，不愿意离开。

看着女儿这个样子，丈夫问我："不就是买几只小鸡玩吗？为什么非要和孩子过不去？"

我说："那可不是玩具，是鲜活的小生命啊。让孩子玩儿，岂不是玩儿命吗？"

丈夫听后愣住了："玩……命？"

"是啊，你仔细想想看，小鸡可是有血有肉的生命。用来玩儿，几天就被玩儿死了。且不说不尊重小鸡崽儿的生命，对妞妞的教育也没有好处，还会让她觉得生命不值得珍惜，小动物不需要保护。"

丈夫若有所思。我继续说："我刚在网上看了一个案例，有个学生和同学发生了矛盾，结果就用刀子将对方刺成了重伤，这不就是因为对生命的不尊重吗？"

丈夫说："孩子玩玩小鸡，没那么严重吧？"

"伤人的那个孩子，父母专门出售幼犬，家里有很多小狗给孩子玩儿。孩子年龄小不懂事，把幼犬当成'无生命'的玩具，一条条生命便在他的'摔、踏、踢'中消失了。孩子在小时候对生命意识模糊，长大后，和小朋友打架必然会下手狠毒。在接受公安人员的审问时，那孩子居然说'刺死对方和弄死一条狗一样，没什么大不了的'。听着这样的供词，孩子的母亲当场大哭，后悔地说：'小时候就不该让他玩儿死那些幼犬！'你看，这就是'玩命'的教训。"

听了我的话，丈夫大吃一惊，最后也决定不买了。

孩子都喜欢新鲜好玩的东西，为了引起他们的兴趣，小商贩们可谓是绞尽脑汁，比如给小鸡、小鸭涂上各种颜色来卖。可是，买回家之后结果怎样？它们往往都不能活长久。因此，如果想对孩子进行生命教育，首先就要远离这些彩色小动物。当没有人买的时候，就不会有更多的小鸡、小鸭被上色了，它们也就可以活得更长一些。

告诉孩子：爱护身边的一草一木

　　花草树木是大自然孕育出来的，它们也是有生命的，珍惜爱护身边的一草一木，不仅是爱护我们美好的家园，更是珍爱生命的体现。

　　一个周末闲来无事，我带着妞妞到附近的街心公园玩。就在我们享受无限美好春光时，传来一阵阵嬉笑声，原来是一大群孩子在远处的草坪上追逐嬉戏。

　　他们肆无忌惮地在草坪上打滚儿、翻跟头，更严重的是，有两个孩子一边玩儿，一边蹲下来拔草，然后随手就用来当武器。其他孩子看到年龄大的孩子这样做，立刻有样学样，一人拔起一大把草，开始打闹。

　　看到这些，我有些不快，上前问道："小朋友，你们没看到牌子上写着'请爱护小草，不要踩踏'吗？"

　　"看到了，但是我们愿意踩啊！"

　　"但是，小草也会疼啊！"

　　"哈哈，小草怎么会疼呢？我妈说，小草是不会疼的！"

　　"是吗，如果你是小草，你愿意被这样对待吗？你会是什么感觉？"

　　"没有感觉啊！我又不是草，而且我就喜欢拔草。曾经我在这个地方玩时，妈妈还经常帮我摘花呢。"

"为什么要摘花呢？"

"那些花很漂亮，摘回去，放在家里，又漂亮，又有香味！"

"可是，你摘的花两天就枯萎了，多可惜！"

"不用可惜！我妈说，枯了就再去摘。你看，那边还有那么多花花草草呢！"

孩子一边说，一边指着远处。

听到孩子这样的言辞，我真心觉得悲哀。

一位日本教育家曾经告诫各位父母：一定要培养孩子"面对一丛野菊花而怦然心动的情怀"，这样的情怀就是对生命的尊重。对动植物没有怜爱之情，还能指望他尊重高级的生命吗？所以说，在孩子小时候就对其进行生命教育。根据孩子的年龄特点与认知规律，先让他们学会爱护花草树木，让他们真真切切地感受到花草树木的生命跟我们的生命一样。有了这样的思考，他们对生命的关怀就会发自内心，进而扎根在幼小的心灵中。

我喜欢买些盆栽，每次买回来妞妞都跟我一起摆弄。有一次，妞妞不知道从什么地方拿来一颗小豆子，兴高采烈地跑到我面前，张开小手说："妈妈，看我手里这个豆子，好大呀，过去我可从没见过这么大的豆子。"

看着妞妞一脸的懵懂，我就从电脑上找来关于这种豆子的详细资料、图片，为她讲解，让她观察。当妞妞知道这种豆子能发芽、长苗、结豆荚时，很惊讶地说："原来小小的豆子这样就长出来了？真是太奇怪了！"

我笑笑，提议道："我们也可以自己种一些，你的那颗豆子，也能种在外面的小菜园里。"妞妞表示赞同。之后，我们就用铁锹翻土、种豆、浇水、培土，然后我就把照顾豆子的任务交给了妞妞。

妞妞虽然人小，可是却将豆子照顾得非常好，每天都会抽出一定的时间给豆子浇水。每隔一段时间，她就跑来，说："妈妈，豆子发芽了。""妈妈，豆子长出了一片叶子。""妈妈，豆子长得好高了。"……忽然有一天，她看完了豆子，坐在我的身边，说："妈，豆子有豆荚了！"

我说："豆子就要成熟了，我们可以把豆荚摘掉了。"

妞妞一下着急了，问："那豆秧呢？会不会死掉？"

看到妞妞悲伤的小表情，我点了点头。过了好久，她才幽幽地说："原来一颗豆子从发芽到老去，就这么短的时间。"一边说，她一边用手比画着。

对于妞妞能有这样的表现，我感到无比欣慰。

不管是动物还是植物，它们虽然不会说话，但是毕竟也有生命，需要我们认真保护。想让孩子感受生命的意义，父母不妨从养盆栽植物和饲养动物做起，让孩子耳濡目染之后，他们自然能够对生命有所认识和珍惜。

辰逸上小学时，家里养了两只白母鸡，娘俩精心照料。母鸡长大后开始下蛋，其中有一只天天下双黄蛋，大家都很喜欢它。

辰逸一直细心照顾着母鸡，逐渐有了感情。后来，那只下双黄蛋的白母鸡不知道怎么死了，辰逸很难过，和妈妈一起将它埋在了后院的小山坡上。没过多久，另一只母鸡也生病了，辰逸和妈妈一同照料它，给它打针、喂药，最后终于把它救活了。

辰逸9岁时，舅舅送给他一只小猫，辰逸给它取名叫小黑。自此以后，辰逸每天放学回家的第一件事就是先跟小黑玩一会儿，然后再写作业。

有一次，小黑不小心吃了被药过的老鼠，中了毒，奄奄一息。看到小黑这样，辰逸伤心地哭了，并央求妈妈想办法给它喂药。喂过药后，辰逸一直守在小黑身旁，看着它痛苦的表情，急得直流眼泪。傍晚的时候，小黑的精神状态渐好，辰逸悬着的心这才放下，脸上也露出了微笑。

湖南师范大学心理学博士生导师燕良轼说："一定要对孩子进行生命教育。

所有的父母和教育者都必须意识到生命教育是教育中不能再缺失的重要一环。"可见，父母和老师不仅要在物质上关心孩子，更要从精神上爱护他们，对他们进行生命教育，让他们体验生命的意义，理解活着的真理。

告诉孩子：提高警惕，不要大意

每个孩子都是父母心中的小太阳，哪个父母都希望自己的孩子一生平平安安的。可是，现实生活中的安全隐患问题却是数不胜数、防不胜防，父母稍不注意，孩子就可能受到伤害。因此，父母一定要加以防范，并告诉孩子：生活中要时刻提高警惕，不能大意。

前几天，我去医院看牙，遇到一位母亲，她抱着一个小女孩匆匆赶来，我见她一脸的着急，便将自己的位置让给她，同时帮她一起照顾孩子。看完医生后，这位母亲向我表示了感谢，并将发生的事情告诉我：

小女孩 4 岁了，喜欢吃棒棒糖，一个小时前母女俩一起逛超市，孩子非要买一根棒棒糖，结完账之后，她边吃棒棒糖边在前面跑。我怕她跌倒，就跟她说："吃棒棒糖时不要到处乱跑，小心扎了嘴。"听了我的话，她立刻放慢了脚步。

我拎着买的东西在前边走，她在后边跟着，走着走着，忽然我听到她大哭起来，扭头一看，她在地上趴着，我赶紧放下东西，跑过去把她扶起来，结果发现她满嘴是血，再仔细一看，棒棒糖和一颗门牙都掉在了地上……

好在刚才医生说没什么大碍，掉的是乳牙，还会再长出来的。

听她说的时候，我也为这孩子捏了一把汗。是啊，幸亏只是棒棒糖碰掉了一颗牙，如果不小心戳伤了眼睛，那她今后的人生将会是怎样一副痛苦的画面啊？

我想到妞妞，她4岁时也调皮捣蛋，而且好奇心很强，总喜欢在家里翻腾一些东西。记得有一次她对墙壁上的一些"小黑洞"产生了兴趣，经常会走过去看，每次看她都想伸手摸，婆婆发现后就会立刻将她拽开，并吓唬她说："里面有大老虎，会咬掉你的手的。"开始妞妞以为奶奶说的是真的，感觉有些害怕，就离开了。可是没过几天，妞妞的好奇心就又上来了。

我发现妞妞的举动后，并没有制止，而是和她一起蹲在"小黑洞"前。我很认真地给她讲什么是电，"小黑洞"是什么、是做什么用的，并严肃地告诉她，触电的后果。第二天，我买来一些有关电的儿童读物，讲给妞妞听。从此之后，妞妞了解了什么是电源和电，再也不好奇那些"小黑洞"了，并且还会告诉其他小朋友不要去碰。

在孩子成长的过程中，绝大多数会对插座上的小黑洞好奇，不是像妞妞这样趴着看，就是用手指去抠。面对孩子的这些行为，吓唬显然没什么作用，因为根本不能消除他们内心对插座上小黑洞的好奇。这种时候，父母就要通过各种方法，让孩子了解什么是电、触电可能引发的后果、怎样预防被电到等，只有当他们彻底了解了，才可以消除好奇心；明白电会引发危险，才会远离，或者安全用电。

曾经有个朋友告诉过我这样一件事情：

我家有个大浴缸，对5岁的女儿来说，那是她玩水的最佳场所。每次洗澡时，我们总会有一个人陪着她。可是有一天，女儿说她已经长大了，要单独在浴缸里洗澡。结果，还没等我进浴室，她自己就脱衣服，进了浴缸。

浴缸很滑，她没站稳，一头栽进了浴缸里，头不小心撞到了浴缸边。我听到动静，急忙冲进浴室，一把将她拉了出来。自那以后，女儿也吸取了教训，再也不敢一个人到浴缸里洗澡了。

随着年龄的增长，孩子的好胜心会日渐强烈，而且总是自认为能独立完成某件事，从来不会考虑其间会发生什么样的问题。当孩子表示自己想独自做某件事时，父母一定要事先把可能出现的状况告诉他们，比如上面例子中这个小女孩，她想自己到浴缸洗澡，父母可以在得知她的想法后，告诉她浴缸壁很光，放了水之后会更滑，而且你的个子小，进去的时候一定要慢慢的，否则很有可能会滑倒，被浴缸的水呛到。如果孩子听进了你的话，会提高警惕，不会出事；如果孩子没有听进你的话，发生了你预告给她的情况，那么下次她再想做某事时你对她的警告，她就会时刻记在心里。

总之，生活中时时处处都存在安全隐患，孩子幼小的时候，作为父母，一定要时刻提醒他们注意保持警惕，以防发生不可挽回的局面。

告诉孩子：学校安全不可轻视

　　谈起孩子的安全问题，父母可谓是处处不安心，在街上担心、在家里担心、在学校还是担心……总之，在这个社会中，根本找不到一个安全地，处处埋藏着安全隐患。这不是父母杞人忧天，因为安全隐患，即使在学校也存在很多。

最近几年，学校中孩子的安全问题不断被爆料，而且越来越严重。我记得一份报纸上曾刊登过这样一条新闻：

　　某小学体育教师把两块体育教学使用的海绵垫子临时靠墙放置于学生午休宿舍楼一楼单元过道处，这时，学校拉响了起床铃，小学一、二年级午休学生起床后立刻赶回各自的教室。下楼的过程中，靠墙的一块海绵垫平倒于一楼过道，通道不畅，前面的同学通过海绵垫时突然跌倒，后下楼的学生不知道什么情况，继续朝前拥挤，相互叠加挤压，结果被压在下边的学生严重受伤。

孩子是祖国的未来，是家庭的希望，能否健康成长，关系着很多家庭的欢乐和幸福。所以，一定要培养孩子的安全意识，让孩子认识到学校的安全隐患，保证孩子的健康成长。

有个朋友在小学当老师，一次来我家做客，看到女儿在收拾自己的学习用品，里面有一把小剪刀，就说："妞妞，不能带着这样尖锐的东西去学校，很危险！"

"阿姨，这是我们的手工老师让准备的，放心吧，我会很小心。"

"一定得小心啊！"朋友不放心地嘱咐道。接着，她又说："我们班的一个男孩有一次把剪刀带到学校，玩的时候不小心摔倒了，结果刀尖插进了眼眶，差一点就伤了眼球。后来，经过手术，医生成功地将剪刀取了出来，所幸视力未受影响。还有一次，一个叫雯雯的孩子偷偷地把自己的玩具带到学校，玩具有棱角，课间她和同桌一起玩。两人玩着玩着，雯雯的同桌被另外一个同学扑到桌子上，她的头撞到那个玩具上，立刻流血了。事后，我严厉地批评了雯雯，并告诉她，再也不许将危险的玩具带到学校了。"

听了同学的讲述，我心有余悸，立刻想到我之前在网上看到过的一个真实案例。

故事发生在台湾，一名 12 岁女生回答老师的问题，后面的同学想跟她开个玩笑，就抽了她的椅子。等到这位女生回答完问题打算坐下时，没意识到椅子不见了，结果就是一屁股跌倒在地，头和背碰到身后的课桌，十分疼痛，站不起来。当时父母和老师没觉得有什么大事，可两三个月后，女孩开始头痛，尤其是站立或坐直时就会头痛得厉害，只有平卧时才比较轻松；半年之后，她开始感觉下肢无力，关节疼痛；最后，她竟然下肢瘫痪，丧失了生活自理能力。

专家诊断后发现，女孩的病因是脑膜破裂，脑脊髓液流出，所以她总会感到剧烈头痛；脊髓液流经破洞形成了水囊，导致脊髓受压迫变形，最终造成她下肢瘫痪。造成这一切恶果的是当初同学撤掉了她的椅子。

　　同学之间开开玩笑，互相嬉戏，不是不可以。但孩子毕竟年龄小，开玩笑或者打闹时把握不好分寸，就非常容易发生意外事故。因此，父母和老师一定要告诉孩子：存在危险的玩笑一定不能跟同学开，即使是做游戏，也要时刻警惕危险的发生。

告诉孩子：铭记交通规则，平安出行

　　对大部分人来说，无论是上学还是上班，生活中任何一项内容都离不开出行。但是随着交通工具的日益增多，交通事故也屡屡发生。所以当孩子出门的时候，告诫他们，一定要遵守交通规则，安全出行。

前几天，送完妞妞，回来的路上，我遇到这样的一幕：

　　一位骑着自行车的爸爸送孩子上学。在他们走到十字路口时，红灯亮了。这位爸爸见车辆不多，于是左躲右闪地走到对面，然后对儿子说："看，爸爸厉害吧！红灯都可以闯过来。"可是，儿子却说："爸爸，老师说过要遵守交通规则，要等绿灯亮了才能走，红灯亮了要停下来。"

　　"傻儿子，你就不会灵活变通吗？虽然红灯亮了，可是车不多，照样可以过去，为什么一定要等绿灯啊。再说，爸爸这么做也是为了节省时间。"

　　儿子坐在后座默然无语。我想，这个孩子此时心里肯定有疑惑，到底是老师说得对，还是爸爸说得对。

　　孩子上学、放学，每天都要出行，跟交通打交道，如果父母没有交通安全意识，孩子就会受影响，也不遵守交通规则，一旦因此造成悲剧，父母就会追悔莫及。

　　初二的学生小飞中午骑自行车回家，走到十字路口时，红灯亮了。当时，街上车辆并不多，小飞看到身旁没车经过，猛蹬了一下，朝街对面冲去。这时，一辆浅蓝色跑车由远及近疾驰而来……

　　10 岁的亮亮在翻越机动车道的栏杆时摔倒了，一辆行驶中的黑色轿车紧急刹车，可还是撞到了亮亮，他被送到医院，因抢救无效不幸身亡。

　　5 岁男孩杨强中午跟爸爸一起回家，爸爸领着他等绿灯亮。看到马路对面的妈妈，杨强一时兴奋，挣脱了爸爸的手，直接向妈妈跑去。刚迈出几步，一辆奥迪轿车将其撞飞，当场身亡。

　　……

　　许多父母无视对孩子的交通安全教育，无论红灯、绿灯，都照走不误。甚至还有的父母在孩子面前引以为自豪，更不要说对孩子进行遵守交通规则的教育了。可是，大量事实告诉我们：为了保证孩子的出行安全，父母除了要告诫他们注意车辆，也要以身作则，做到红灯不闯，绿灯慢行。

　　晚上，周晓开车带着 5 岁的儿子回家。快到十字路口时，红灯亮了，周晓缓慢地将车停了下来，等着绿灯亮起。当时行人和车辆很少，十字路口只停着两三辆车等绿灯。

　　5 岁的儿子就对他说："爸爸，路上没人，我们开过去吧！"

　　周晓却严肃地对他说："虽然现在没人，可现在是红灯，不能过，这是最起码的交通规则，每个人都要遵守。你看，对面的几辆车不是也跟我们一样在等绿灯亮嘛！如果我们不遵守，直接开过去，万一横向有人或者有车，就会引发交通事故，不是咱们撞到别人，就是被别人撞到咱们。不管是谁，都不希望失去最亲的家人……"直到绿灯亮起来时，周晓才将车启动。从此以后，儿子每次过马路都严格遵守"红灯停，绿灯行"这一交通规则。

由此可见，在引导孩子遵守交通规则的过程中，任何说教都不如父母的身体力行效果好，父母通过自己的言传身教，引导孩子在走路、骑车、乘车时，自觉地遵守交通法律法规，做到安全出行。

引导孩子遵守交通法规去规范自己的行为，是一个艰难、细致且漫长的过程，父母不但要做到耐心，还要细心，一定要善于从细微处着手，从点点滴滴的小事做起。

（1）教孩子安全走路。告诉他们：过马路时走人行横道，没有人行道时靠右边行走；在路上走的时候要集中精力，不能追逐打闹；不要和机动车抢行，不要突然横穿马路、翻越护栏；不闯红灯，不去标有"禁止行人通行""危险"等标志的地方。

（2）指导孩子安全横过马路。告诉他们：横过马路一定要走人行横道，随时注意左右方向车辆动向；遇到车辆拐弯时，不要着急抢行，跟司机示意一下，确认谁先行。尤其是一个人过马路时，更不能着急，更要严格遵守交规。

（3）警示孩子注意骑车安全。告诉他们：骑自行车时要在规定的自行车车道上骑行；不逆行、不撒车把；过马路时，一定要关注前后左右的车辆，确认安全后通行；经常检查刹车是否失灵，铃铛是不是响；下坡路段和拐弯时，要缓行或下车推着走。

告诉孩子：在公共场所也要有避险意识

有人这样形容，公共场合的安全隐患如同一只盘旋在头顶的巨鹰，不经意间就会俯冲下来，给许多家庭带来无法抹去的阴影。因此，作为父母，一定要告诉孩子遵守公共场合的安全法规，不要让悲剧发生在自己的孩子身上！

2014 年 5 月，同学邀请我帮他做一个有关公共场所安全隐患的调查报告，结果让人震惊，无论是商场、电影院、超市还是其他任何公共地方，都或多或少存在安全隐患问题。

2002 年 8 月 8 日是河北邯郸市天客隆超市开业两周年的纪念日，店庆前一天，天客隆在街头散发店庆促销广告单，促销商品吸引了广大消费者。8 月 8 日当天开门营业的时候，礼炮和烟花还没点燃，惨祸就发生了。上午 8 时 40 分，上千名顾客洪水般涌进超市，完全没有秩序，一片混乱中，15 名顾客被挤伤或者踩伤，其中有 3 人伤势严重。

公共场所的安全事故一直以来都是一个热门话题，许多地方都发生过意想不到的事故，而在这样的事故中，未成年人最容易成为受害者，因为他们的自我保护能力最差。

2015 年 7 月 26 日上午，荆州安良百货商场，一位母亲牵着儿子从六楼乘手扶电梯上七楼，两人刚走出上行梯面，脚下踏板突然垮塌，母子俩双双被卷入其中。危急时刻，母亲奋力将儿子托出，自己却瞬间被电梯吞噬。仅隔一天，7月27日上午，广西梧州市太阳广场，一个一岁多的孩子被电梯卷入，手臂受伤。8月29日，西安理工大学金花校区，一名研一新生报到当天，从六楼电梯井坠亡；9月13日，贵州遵义一小区电梯发生故障，一名中年女子在逃生过程中摔进电梯井丧命；9月14日晚，华侨大学厦门校区，一男生乘坐教学楼电梯，被电梯卡住窒息身亡，令人唏嘘不已……

林立的高楼大厦、人潮拥挤的商城中，电梯确实为大家提供了方便，可同时也给人们带来了潜在危险。如果安全意识不够，使用电梯的方式不规范，很容易发生事故。

2014年冬天，我们一家三口外出旅游，晚上住进一家酒店，丈夫抽了一根烟，之后去洗澡。我在一旁收拾行李，妞妞一个人在一边玩。

忽然，我闻到一股烟味，抬头一看，发现妞妞正坐在床上，一手拿着烟，一手拿着打火机，学她爸爸的样子试着点烟。当我发现时，已有一些被点燃的烟蒂落在被子上，把床单烧了一个个小洞。幸亏发现及时，我急忙做了处理。

女儿意识到了自己的错误："妈妈，我以后再也不玩火了。"

与此同时，我也意识到自己的失误，从来没有对妞妞进行过防火的安全教育，以至于差点儿引发一场火灾。那天之后，我搜集并整理了大量资料，然后给妞妞讲关于火的好处和引发火灾的危害，告诉她要远离火源，建立自我保护的意识，以及发生火灾的时候一些必要的自救逃生技能。

告诉孩子：危险的地方不要去

活泼好动是孩子的天性，大多数孩子都喜欢到户外或奔跑，或玩耍，或跳跃……如果孩子的安全意识比较薄弱，难免会发生意外。这时，不仅要告诫他们，玩的时候注意安全，还要让他们远离存在危险的地方。

2015 年 6 月，我们小区附近开发二期工程，尽管有关人员做了防护，竖着一个牌子"非工作人员勿进"，但还是有很多孩子偷偷地跑进去玩。

一天中午，我路过工地，突然听到里边传出一阵阵欢笑声。我循着声音望去，发现大约有五六个孩子在里面追逐嬉戏。

"这哪是玩的地方？"我心里想着，就冲他们喊："你们几个快过来！"

"什么事情，阿姨？"孩子们跑过来，一脸疑惑地问我。

"你们怎么在这里玩？你们不知道这里非常危险吗？"

他们一个个初生牛犊不怕虎的样子："没有啊，我们昨天就在这里玩来着，也没有人说我们。你看，他们都在那边干活呢，这边什么都没有。"

"你们看那里竖着牌子，上面写着'非工作人员勿进'，说明这里非常危险……"

我费尽了口舌，他们才闷闷不乐地离开。

很多孩子玩耍时，抱着侥幸心理，偷偷地跑到工地玩，或者跑到水边玩，或者冬天到结冰的水上溜冰……虽然这确实可以给孩子带来短暂的快乐，可是也有着满满的安全隐患。尽管有的孩子说："我就玩这一次，不会发生意外的。"可是，要知道，也许就是这一次，危险就会朝你逼近，所以唯有远离才不会有危险发生。

2016年暑假一到，妞妞就急不可耐地要跟奶奶回老家。她的心思我明白，婆婆家在四川农村，虽然没有大城市的灯红酒绿，但却山清水秀。在距离婆婆家不远的地方，有条清澈的小河，河水虽然不深，但水流湍急，里边也有不少鱼虾，每年暑假回去，妞妞都会跟小伙伴们拿网捞鱼。每次她去之前我都慎重地叮嘱她："你去可以，但是一定不能下水，河里的水虽然不深，但是下去会有危险。"

除了交通、溺水等多发事故外，对于家住小区的孩子来说，窗台也是一个危险地，而且每年都有孩子从窗户坠落的悲剧发生。

2008年8月4日，一个妈妈出门的时候，一阵风把门关上，孩子被关在房间，找不到钥匙，就爬到主卧卫生间，抽水马桶挨着窗台，他就爬上马桶盖，上到窗台，一个不留神，从12楼坠落……10月17日，一个男孩在睡觉，奶奶趁机出去拿东西，男孩醒来后找奶奶，小床正好靠近窗户，他就爬上窗台往外望，结果坠落。

2009年6月2日，外婆忙着做家务，9岁男孩和小伙伴到自己的房间玩，房间的窗户是移动窗，开着的这边只蒙着纱窗，男孩到窗台靠在纱窗上，结果纱窗破裂，他从六楼摔下。

2010年12月13日，4岁的妹妹从卫生间窗口掉下，5岁的姐姐伸手去拉，结果两人都掉了下去。

2011年1月18日，爸妈起床后去忙生意，将女儿单独留在家中。孩子起床后发现家中没人，就站在窗口向楼下观望，不慎摔下。

很多调皮的孩子都喜欢爬上爬下，可如果住在小区里，孩子爬窗台就会成为一件特别危险的事情。所以，当孩子会爬或者会走路之后，就要给他们灌输窗户边很危险的意识。随着孩子渐渐长大，还要不断强化这个意识，这样就会让他们养成远离窗边的习惯。

告诉孩子：增强防范意识，别轻信陌生人

现实生活中频频发生人贩子拐卖儿童的现象，给孩子、家庭和社会造成了极大的危害。孩子之所以会上人贩子的当，就是因为他们不懂得保护自己，很容易轻信对方的话。因此，不管女孩还是男孩，父母都要郑重地告诫他们："出门在外，不要跟陌生人说话，更不要轻信他们的花言巧语。"

8 岁的丹丹是个二年级的学生，一天放学后，她在学校门口等妈妈来接她。这个时候，一个年轻的阿姨主动上前和丹丹说话，问她上几年级了，家住哪里，谁来接她。丹丹随便回了两句，就继续等妈妈。

这个年轻的阿姨掉转话头，说丹丹的发卡特别好看。丹丹听了她的赞美，放松了警惕，告诉她这个发卡是妈妈买的，自己很喜欢。接着，这个年轻的阿姨说她也有一个女儿，跟丹丹差不多，再有几天就是女儿的生日了，她想让丹丹陪自己去挑选一个礼物，如果可以买到丹丹那样的发卡就最好了。

结果，丹丹跟这个阿姨去挑选礼物，然后就没了音信。

尽管国家下大力度严惩拐卖儿童的行为，但是类似事件依旧频发不断，所以父母一定要做好监护人的职责，告诉他们，不管在任何时候都不要跟陌生人走，不管去哪儿都要跟父母说一声。如果孩子年龄小，最好不要单独带他们去人多的地方；如果孩子年龄大一些，出门前跟他们说好，万一走散了，让他们到

哪个地方等着跟父母会合，或者直接找警察叔叔，说明情况后打电话联系父母。

当然，为了提高孩子的安全意识，父母可以有意识地将回家路线和父母二人的电话号码告诉孩子，或者给孩子备一个适合孩子用的手机，遇到特殊情况，及时打电话告诉父母。

妞妞两三岁时，我跟丈夫就三天两头地问她："你叫什么名字？""你几岁了？""你家在哪儿啊？""妈妈的电话是多少？""爸爸的电话是多少？"……之所以如此，一方面妞妞是个女孩，作为妈妈，我不得不承认对她的安全有所担忧；另一方面，活生生的寻子案例真的太多了，让我变得更加小心谨慎地看护好妞妞。

孩子慢慢长大、懂事之后，父母应当有意识地让孩子记住家庭信息。因为有些走失的孩子因为说不出家庭信息，最后被送到了福利院或收容所，甚至有的孩子为此一生都找不到亲生父母。

如今，拐卖儿童已成为父母谈之色变的话题，一旦触及，很多父母根本不敢继续往下想，恨不得成为孩子的守护神，寸步不离。实际上，智慧的父母不仅要保护自己的孩子，还要教孩子自我保护的一些技能和手段，让他们有勇气去独自面对这个真实的社会。